AF305671

CATALOGUE

D'UNE

COLLECTION DE LIVRES

RELATIFS AUX ARTS DU DESSIN

PROVENANT DE

LA BIBLIOTHÈQUE DE M. F. *Villot*

TRAITÉS THÉORIQUES ET PRATIQUES, HISTOIRE
BIOGRAPHIES, MUSÉES, EXPOSITIONS, CATALOGUES DE VENTES
LIVRES A FIGURES DU XVIIIe SIÈCLE, ETC.

DESSINS ORIGINAUX

DE

GRAVELOT, BOUCHER, EISEN, COCHIN

POUR

L'ILLUSTRATION DES CONTES DE BOCCACE

La vente aura lieu le lundi 25 avril 1870, et jours suivants
à une heure et demie de l'après-midi

Hôtel des Commissaires-Priseurs, rue Drouot
Salle n° 4

Par le ministère de Me DELBERGUE-CORMONT, commissaire-priseur
Rue de Provence, 8

PARIS

LIBRAIRIE TROSS

5, RUE NEUVE-DES-PETITS-CHAMPS, 5

—

1870

CATALOGUE

D'UNE

COLLECTION DE LIVRES

RELATIFS AUX ARTS DU DESSIN

PROVENANT DE

LA BIBLIOTHÈQUE DE M. F. V.

TRAITÉS THÉORIQUES ET PRATIQUES, HISTOIRE
BIOGRAPHIES, MUSÉES, EXPOSITIONS, CATALOGUES DE VENTES
LIVRES A FIGURES DU XVIIIᵉ SIÈCLE, ETC.

DESSINS ORIGINAUX

DE

GRAVELOT, BOUCHER, EISEN, COCHIN

POUR

L'ILLUSTRATION DES CONTES DE BOCCACE

*La vente aura lieu le lundi 25 avril 1870, et jours suivants
à une heure et demie de l'après-midi*

Hôtel des Commissaires-Priseurs, rue Drouot
Salle n° 4

Par le ministère de Mᵉ DELBERGUE-CORMONT, commissaire-priseur
Rue de Provence, 8

PARIS

LIBRAIRIE TROSS

5, RUE NEUVE-DES-PETITS-CHAMPS, 5

1870

ORDRE DES VACATIONS.

—

Paris. — Imprimerie Adolphe Lainé, rue des Saints-Pères, 19.

TABLE DES DIVISIONS.

—

BEAUX-ARTS.

N[os]

FIN DE LA TABLE DES DIVISIONS.

CONDITIONS DE LA VENTE

Les acquéreurs payeront 5 p. °/₀ en sus des enchères applicables aux frais.

Les livres vendus devront être collationnés sur place dans les vingt-quatre heures de l'adjudication. Passé ce délai, ou une fois sortis de la salle de vente, ils ne seront repris pour aucune cause.

Il y aura exposition particulière dans la salle de vente, le dimanche 24 avril 1870, de UNE heure à QUATRE.

Le Catalogue servira de carte d'entrée.

Chaque jour de vente il y aura exposition publique à UNE heure de l'après-midi.

La bibliothèque qui va être livrée aux enchères
est exclusivement composée de livres concernant
les arts du dessin. Elle fut celle d'un travailleur
qui, pendant quarante ans, n'a épargné ni soin
ni argent pour rassembler tous les ouvrages de ce
genre offrant à l'artiste une indication utile, à
l'historien un document précieux. On ne trouvera
pas ici ces publications fastueuses, ces galeries
plus ou moins bien illustrées qu'on peut toujours
se procurer facilement à prix d'argent et qui, en
général, sont plus faites pour amuser des amateurs peu éclairés que pour plaire aux vrais amis
des études sérieuses. En revanche, on rencontrera
dans cette collection bon nombre de livres aussi
instructifs que rares, des pièces que pendant une

longue existence on ne rencontre guère qu'une fois. Il est inutile au surplus d'insister davantage sur la valeur des volumes mis en vente. L'examen du catalogue en apprendra plus qu'une longue préface. Aussi, contrairement à l'usage, nous ne signalerons aucun numéro plus spécialement à l'attention du lecteur, et nous terminerons en disant que presque tous les livres qui ne sont pas dans leur condition première ont été reliés par Capé. Ce nom dispense de tout éloge.

CATALOGUE

D'UNE

COLLECTION DE LIVRES

RELATIFS AUX ARTS DU DESSIN.

BEAUX-ARTS.

I. BEAUX-ARTS EN GÉNÉRAL.

1. *Dictionnaires. — Généralités.*

1. PERNETY (A.-J.). Dictionnaire portatif de peinture, sculpture et gravure. *Paris, Bauche,* 1757; in-8, v. br.

2. MILLIN (A.-L.). Dictionnaire des beaux-arts. *Paris, Crapelet,* 1806; 3 vol. in-8, veau marbr.

3. MURR (Christ.-Théophile de). Bibliothèque de peinture, de sculpture et de gravure. *Francfort et Leipzig,* 1770; 2 vol. pet. in-8, cart.

4. WATELET ET LEVESQUE. Dictionnaire des arts de peinture. *Paris, Prault,* 1792; 5 vol. in-8.

5. DICTIONNAIRE abrégé de peinture et d'architecture. *Paris, Nyon,* 1746; 2 vol. in-12, v. br.
Exemplaire de J.-B. Descamps, avec son *ex-libris.*

6. MONTABERT (Paillot de). L'Artistaire, livre des principales initiations aux beaux-arts. *Paris,* 1855; in-8, br.

7. THEOPHILI Presbyteri diversarum artium Schedula. *Braunschweig*, 1781 ; in-8, broch.

Extrait du volume VI de la collection publiée par G. E. Lessing, et intitulée : *Zur Geschichte der Litteratur aus den Schaetzen der Bibliothek zu Wolfenbuttel.*

8. THÉOPHILE, prêtre et moine. Essai sur divers arts, publié par le comte Ch. de l'Escalopier, et précédé d'une introduction par J.-Marie Guichard. *Paris*, 1843 ; in-4, broch.

9. BULINGER (Cæs.). De Pictura, plastice, statuaria, libri duo. *Lugduni, Prost*, 1627 ; pet. in-8, parch.

Les chapitres v et vi du livre second renferment des renseignements curieux sur la peinture à l'encaustique et bien antérieurs à tous ceux qu'on a publiés depuis.

10. ZUCCARO (Federigo). L'Idea de' pittori, scultori ed architetti, divisa in due libri. *Roma, Pagliarini*, 1768 ; in-4, cart. non rogn.

Ce livre rare traite exclusivement du dessin. Voyez la longue note du Catalogue Goddé, n° 281.

11. BACHAUMONT. Essai sur la peinture, la sculpture et l'architecture. (*Paris*), 1751 ;•frontisp. gr. — Essai sur la peinture, etc., 2ᵉ édition. (*Paris*), 1752. — Premier (et second) mémoire sur le Louvre. (*Paris*), 1751 ; 1 vol. in-12, veau éc. fil. tr. dor.

On trouve encore dans ce Recueil des critiques sur l'ouvrage de Bachaumont, par Berthier, Bonamy, de La Porte, Fréron, Raynal et Du Resnel, le tout imprimé en 1751.

12. BACHAUMONT. Essai sur la peinture, la sculpture et l'architecture, seconde édition. *S. l.*, 1752. — GRESSET. Epître à M. Tournemine sur la colonne de l'hostel de Soissons. *S. l.*, 1752 ; 1 vol. in-12, d.-rel. — Essai sur la peinture. *S. l.*, 1752 ; 2 part. en 1 vol. d.-rel. v. f.

Très-bel exemplaire relié par Capé.

2. *Esthétique. — Philosophie.*

13. SELVATICO (P.). Storia estetico-critica delle arti del disegno, ovvero l'architettura, la pittura e la statuaria considerate nelle correlazioni fra loro e negli svolgimenti storici, estetici e tecnici, lezioni dette nella I. R. Academia de' belli arti in Venezia. *Venezia, Pietro Navatovich,* 1852-1856 ; 2 v. in-8, portr. gr. de l'auteur, d.-rel. et coins v. bleu, fil. chiff.

14. QUANDT. Beobachtungen und Phantasien über Menschen, Natur und Kunst auf einer Reise in's mittägige Frankreich. *Leipzig,* 1846, in-8 d.-rel. veau bl. dos orné, aux chiffr. (*Capé.*)

15. SUTTER (D.). Philosophie des beaux-arts appliquée à la peinture. *Paris, Tardieu,* 1858 ; in-8, br.

16. LESSING (G.-E.). Du Laocoon, ou des Limites respectives de la poésie et de la peinture, trad. de l'allemand par Ch. Vanderburg. *Paris, Renouard,* 1802 ; in-8, fig. broch.

17. KÉRATRY. Du Beau dans les arts d'imitation. *Paris, Audot,* 1822 ; 2 vol. pet. in-12, fig. broch.

17 *bis.* BÉRTHEZ (P.-J.). Théorie du beau dans les arts. *Paris, Crapelet,* 1807 ; in-8, bas.

18. TOPFFER (R.). Réflexions et menus propos d'un peintre génevois, ou Essai sur le beau dans les arts, précédés d'une notice sur la vie et les ouvrages de l'auteur, par A. Aubert. *Paris,* 1848 ; 2 vol. in-12, d.-rel. v. f. aux chiffr. (*Capé.*)

19. GILPIN (William). Trois Essais sur le beau pittoresque, etc. *Breslau,* 1799. — Considérations pittoresques sur le cours de la Wye et sur différentes parties du pays de Galles. *Breslau,* 1800. — Essai sur les gravures. *Breslau,* 1800 ; 3 vol. en un in-8, fig. d.-rel. mar. r. non rogn.

20. COUSIN (Victor). Du Vrai, du Beau et du Bien. *Paris, Didier,* 1853 ; in-8, broch.

21. SOBRY (J.-F.). Poétique des arts, ou Cours de peinture et de littérature comparées. *Paris,* 1810 ; in-8, d.-rel. mar. v.
Exemplaire avec notes et corrections de l'auteur. Catal. Goddé, 62.

22. GÉRARD (Alex.). Essai sur le goût, augmenté de trois dissertations sur le même sujet par Voltaire, d'Alembert et Montesquieu. *Paris, Delalain*, 1766; in-12, veau marbr.

23. PAUL. Sur la Peinture, ouvrage succinct qui peut éclairer les artistes sur la fin originelle de l'art, et aider les citoyens dans l'idée qu'ils doivent se faire de son état actuel en France. *Paris, Hardouin*, 1781; in-12, d.-rel.

24. QUATREMÈRE DE QUINCY. Considérations morales sur la destination des ouvrages de l'art. *Paris, Crapelet*, 1815; in-8, cart. n. rogn.

25. QUATREMÈRE DE QUINCY. Essai sur la nature, le but et les moyens de l'imitation dans les beaux-arts. *Paris, Treuttel et Würtz*, 1823, in-8, v. ant.

26. SOSTER (Barthol.). Esame analitico dei pregiudizii e delle false idee degli artisti nelle belle arti. *Milano*, 1850. — Considerazioni filosofiche sull' odierna riforma dell' insegnamento publico della pittura e della scultura. *Milano*, 1856; 2 vol. in-8, br.

27. DECHAZELLE (P.-T.). De l'Influence de la peinture sur les arts d'industrie commerciale. *Paris, Crapelet*, 1804, in-8, cart.

28. MILIZIA. De l'Art de voir dans les beaux-arts, traduit de l'italien, suivi des institutions propres à les faire fleurir en France, et suivi d'un état des objets d'art dont ses musées ont été enrichis par la guerre de la liberté, par le général Pommereul. *Paris, Bernard, an VI*; in-8, bas. rac.

3. *Théologie.*

29. Trattato della pittura e scultura, uso et abuso loro, composto da un theologo e da un pittore. *Fiorenza, Bonardi*, 1752; in-4, cart.

30. BORROMÆI (Federici, cardinalis). De Pictura
sacra libri duo. *S. l. n. d.;* in-8, mar. r. doré en
tête, non rogn. trois planches gravées. (*Thompson.*)

Exemplaire d'une très-belle conservation d'un livre rare.
Le cardinal Borromée avait une précieuse collection d'objets d'art, et il en
parle dans ce livre où il envisage la peinture au point de vue chrétien. C'est
un livre d'or, suivant l'expression de Cicognara.

31. MÉRY (l'abbé). La Théologie des peintres,
sculpteurs, graveurs et dessinateurs. *Paris, de
Hansy,* 1765; in-12, veau marbr.

32. MOLANUS (Joa.). De Historia SS. Imaginum et
picturarum, pro vero earum usu contra abusus,
libri IV. J. N. Paquot recensuit. *Lovanii,* 1771;
in-4, cart. dos de toile, non rogn. aux chiffr.

33. CITADELLA (Luigi Napoleone). Istruzioni al
pittor cristiano ristrette dell' opera latina di fra
Giov. Interiano de Ayala. *Ferrara,* 1854; in-8, br.

34. BOUNIOL (Bathild). L'Art chrétien et l'école
allemande, avec une notice sur M. Overbeck.
Paris, 1856; in-18, portr. broch.

35. MONTALEMBERT (le comte de). Du Vanda-
lisme et du catholicisme dans l'art. *Paris, Debécourt,* 1839; in-8, fig. — Notices sur l'hôtel
de Cluny et sur le palais des Thermes, avec des
notes sur la culture des arts, principalement dans
les xv⁰ et xvi⁰ siècles. *Paris, Ducollet,* décembre
1834; in-8, d.-rel. v. br.

36. RAOUL-ROCHETTE. Discours sur l'origine, le
développement et le caractère des types imitatifs
qui constituent l'art du christianisme. *Paris,
Adrien Le Clere,* 1834, in-8. — Di un Busto co-
lossale in marmo di Caio Cilnio Mecenate sco-
perto e posseduto dal cav. P. Manni, illustrazioni
dei Sig. Visconti, L. Cicognara, M. Missirini,
Raoul-Rochette. *Parigi, Didot,* 1837; in-8, planche gravée. — BELLOC (P.-C.). La Vierge au
Poisson de Raphael, explication nouvelle de ce

tableau. *Paris, Belin le Prieur*, 1833; in-8, pl. au trait. Les deux ouvrages réunis, d.-rel. v. bl. fil.

37. RIO (A.-F.). De la Poésie chrétienne dans son principe, dans sa matière et dans ses formes. — Forme de l'art-peinture. *Paris, Debécourt*, 1836; in-8, d.-rel. v. bl. chiffr. (*Capé.*)

38. RIO (A.-F.). Della Poesia cristiana nelle sue forme, prima versione dal francese, per cura di F. de BONI, con introduzione discorsiva dello stesso, ed annotazioni del bar. di RUMOHR. *Venezia, il Gondoliere*, 1841; in-12, d.-rel. v. fauve, chiffr. (*Capé.*)

4. *État des arts à différentes époques et chez diverses nations.*

39. MERCY (F.-B. de). Études sur les beaux-arts, depuis leur origine jusqu'à nos jours. *Paris, Bertrand*, 1855; 2 vol. in-8, br.

40. LE PRINCE. Remarques sur l'état des arts dans le moyen âge. *Paris*, 1772; in-12, 92 pages br.

41. DIXMERIE (M. de la). Les Deux Ages du goût et du génie françois sous Louis XIV et sous Louis XV. *Paris, Lacombe*, 1769; in-8, d.-rel.

42. BRUUN NEERGAARD (T.-C.). Sur la Situation des beaux-arts en France. *Paris, Dupont*, 1801; 1 pl. — QUATREMÈRE DE QUINCY. Seconde Suite aux considérations sur les arts du dessin. *Paris, Desenne*, 1791. — GUIZOT (Fr.). De l'État des beaux-arts en France et du salon de 1810. *Paris*, 1810; 1 vol. in-8, d.-rel.

Toutes ces pièces sont rares.

43. BERGERET (P.-N.). Lettres d'un artiste sur l'état des arts en France. *Paris*, 1848; d.-rel. veau bl.

44. GALY (E.). G. Bouquier, député à la Convention nationale. Notes sur l'état de la peinture en France et en Italie à la fin du XVIIIe siècle. *Périgueux*, 1867; in-8, portr. broch.

45. DELPIT (J.). Fragment de l'histoire des arts à Bordeaux. *Bordeaux*, 1853; broch. in-8.

46. RIGAUD (J.-J.). Recueil de renseignements relatifs à la culture des beaux-arts à Genève, 4 parties. *Genève, Ramboz*, 1845-49; in-8, d.-rel. bas. n. 3 pl. lithogr.

On trouve dans cet ouvrage des renseignements précieux sur les artistes génevois, des lettres de Petitot, etc.

47. BRUUN-NEERGARD (T.-C.). Mémoire sur l'ancien état des beaux-arts en Suède. *Paris*, 1812; in-8, 21 pages cart. n. rogn.

Rare. Curieux détails sur les artistes suédois.

48. ROUQUET. L'Etat des arts en Angleterre. *Paris, Jombert*, 1755; in-12, v. rac. une vign. de Cochin.

Peu commun.

49. DUMESNIL (Alfred). L'Art italien. *Paris, Giraud*, 1854; in-12, d.-rel. v. mar. r.

5. *Polygraphes. — Mélanges. — Anecdotes.*

50. FIORAVANTI (Léonard). Miroir universel des arts et des sciences, etc., traduit en françois par Gab. Chappuys, 2e édit. *Paris, Cavellat*, 1586; in-8, v. écail. filets.

51. COMTE (Florent le). Cabinet des singularitez d'architecture, peinture, sculpture et gravure. *Paris, Le Clerc*, 1689; 3 vol. in-12, v. marb.

52. COCHIN. OEuvres diverses, ou Recueil de quelques pièces concernant les arts. *Paris, Jombert*, 1771; 3 vol. in-12, fig. veau éc. fil. tr. dor.

53. FALCONET. OEuvres diverses, concernant les arts. *Paris, Didot,* 1787; 3 vol. in-8, fig. bas.

On a ajouté : Lettres inédites de Diderot au statuaire Falconet (publ. par Ch. Cournault), brochure gr. in-8.

54. PONCE (N.). Mélanges sur les beaux-arts. *Paris, Leblanc,* 1826; in-8, d.-rel. maroq. vert, aux chiff.

55. VITET (L.). Études sur les beaux-arts, essais d'archéologie et fragments littéraires. *Paris,* 1858; 2 vol. in-12, rel. en un, chiff. fleur. (*Capé.*)

56. KESTNER (A.). Römische Studien. *Berlin,* 1850; in-8, 1 pl. broch.

57. ANECDOTES sur les beaux-arts, contenant tout ce que la peinture, la sculpture, la gravure, l'architecture, la musique, etc., et la vie des artistes offrent de plus curieux et de plus piquant. *Paris, Bastien,* 1776-80; 3 vol. pet. in-8, v. marbr.

58. RECUEIL sur les beaux-arts. 1854-1868, 8 vol. et broch. in-8 et in-12.

Aperçus généraux sur la peinture, par A. Couteaux. — Annuaire des beaux-arts, 1861-62, par E. Filonneau. — Le Patriotisme dans les arts, par Ern. Desjardins. — Les Intérêts populaires dans les arts, par Ern. Chesneau. — Les Arts industriels au moyen âge en Allemagne, par A. Darcel. — Intervention de l'Etat dans l'enseignement des beaux-arts, par Viollet-le-Duc. — Réponse à M. Vitet sur l'enseignement des arts du dessin, par le même. — Beaux-Arts, questions du jour, par Lazerges. — La Modernité dans les arts. *Bruxelles,* 1868.

59. RECUEIL sur les beaux-arts. 13 broch. in-4, in-8 et in-12.

De l'État actuel des arts à Genève, par Bruun-Neergaard. *Paris,* 1802. — Observations sur la manière dont les sujets religieux doivent être représentés par les artistes, par Guyot de Fère. *Paris,* 1844. — Notice sur les peintures à fresque de Saint-Sulpice, par Vinchon. *Paris,* 1822. — Description de la coupole de Sainte-Geneviève, peinte par M. Gros. *Paris,* 1824, etc.

60. LETTRE sur la peinture, la sculpture et l'architecture, avec des réflexions sur les tableaux de M. de Troy. *Amsterdam,* 1749. — Lettre sur la peinture (par M. Baillet de St-Julien). *Genève,* 1750; 1 vol. in-12, veau marbr.

61. PLANCHE (Gust.). Études sur les arts, 1855. — DUPLESSIS (G.). La Gravure française au salon de 1855. — GAUTIER (Théoph.). L'Art moderne; les Beaux-Arts en Europe, 1856. — TAINE (H.). Philosophie de l'art, 1865; Philosophie de l'art en Italie, 1867. — BEULÉ (G.). Causeries sur l'art, 1867; etc. 9 vol. in-12, broch.

62. NOTICES sur des architectes, sculpteurs, graveurs célèbres, etc.; 15 pièces in-8 et in-12.

Notices sur Mansart, par J. Duchesne; — sur Loyer; — sur Gay; — sur B. Gagnereux, par H. Baudot. *Dijon*, 1847. — Rude. *Paris*, 1856. — Ant. Caron, par A. de Montaiglon. — Fr. Chauveau, par Papillon. — A. Boulle, par Asselineau. *Paris*, 1855, etc., etc.

6. *Dialogues, polémiques, lettres.*

63. BOTTARI (Gio.). Raccolta di lettere sulla pittura, scultura et architettura scritte da' più celebri personaggi dei secoli xv, xvi et xvii, e continuata fino ai nostri tempi da Stef. Ticozzi. *Milano, Silvestri,* 1822-25; in-16, demi-v. f.

64. BOTTARI (Gio.). Dialoghi sopra le tre arti del disegno corretti e accresciuti. *Firenze,* 1710; in-12, parch.

65. ESTÈVE. Dialogue sur les arts, entre un artiste amériquain et un amateur françois. *Amsterdam,* 1756; in-12, veau marbr.

66. DISCUSSION de MM. Giraud et Émeric David. 3 br. in-8. (*Rare.*)

Appendice à l'ouvrage intitulé *Recherches sur l'art statuaire des Grecs,* ou *Lettre de M. Giraud,* 1805. — *Réponse d'Emeric David.* — *Seconde Lettre de M. Giraud,* 1806.

67. EMERIC DAVID. Discours historique sur la peinture moderne. *Paris,* 1812. — Choix de notices sur le Musée Napoléon. *Paris,* 1812. — Réponse au libelle intitulé : Lettre de M. Giraud à Emeric David, 52 pages. — Réponse à un écrit intitulé : Seconde lettre de M. Giraud à E. D., 16 pag. *Paris*, 1806. — Leuliette (J.-J.). Essai sur les causes de la supériorité des Grecs dans les arts d'imagination. *Paris,* 1805 ; 1 vol. in-8, d.-rel.

68. RAPPORTS et discussions de toutes les classes de l'Institut de France, sur les ouvrages admis au concours pour les prix décennaux. *Paris, Baudouin*, 1810 ; 4 part. en 1 vol. in-4, d.-rel.

Volume rare.

69. GAYE (il dot. Giovanni). Carteggio inedito d'artisti dei secoli xiv, xv, xvi, pubblicato ed illustrato con documenti pure inediti, con fac-simile. *Firenze, G. Molini*, 1839 ; 3 vol. in-8, d.-rel. dos et coins mar. bl. fleur. (*Capé.*)

70. GUALANDI (Michelangelo). Nuova Raccolta di lettere sulla pittura, scultura ed architettura, scritte da' più celebri personaggi dei secoli xv a xix, con note ed illustrazioni. *Bologna*, 1844-1845 ; 2 vol. in-8, réunis en un, d.-rel. v. fauve, fleur. chiff. (*Capé.*)

— ID. le 3ᵉ volume. *Bologna*, 1856 ; in-18, br.

71. LETTERE pittoriche publicate in occasione delle faustissime nozze di Maldura-Rusconi. *Padova, alla Minerva*, 1838 ; in-8, cart. percal. 45 pages.

72. LETTERE di diversi huomini illustri raccolte da diversi libri, di nuovo corrette e ristampate con gli argomenti per ciascuna delle materie di che elle trattano. *Treviso, Zanetti*, 1683 ; in-8, mar. r. tr. dor.

Exemplaire d'une conservation parfaite, reliure élégante de Delaunay. Lettres de Michel-Ange, Raphaël, Titien, etc.

73. QUATREMÈRE DE QUINCY. Lettre sur l'enlèvement des ouvrages de l'art antique à Athènes et à Rome. *Paris, Le Clere,* 1836 ; in-8, cart. n. rogné.

*7. Recueil de pièces, programmes, bulletins, revues,
journaux.*

74. RECUEIL de onze pièces sur la peinture et la
sculpture. — Discours sur le subject du colosse
du grand roi Henry posé au milieu du Pont-Neuf,
par Savot, 1614. — Description de la statue équestre consacrée à la gloire de Frédéric V, par Saly.
Copenhague, 1771. — Réflexions sur la sculpture,
par Falconet, 1760. — Id., par le comte de Caylus, 1759.—Observations sur le projet du mausolée
du maréchal de Saxe, 1756. — Description du
monument érigé à la gloire du roi par la ville de
Reims, par Dandré-Bardon. — Description du
monument érigé en l'honneur du cardinal de
Fleury, par le même, avec un autographe.—Sculptures exécutées par Adam le cadet. — Anatomie
du corps humain en cire colorée, par Desnones,
1720. — Discours sur la nécessité de l'étude de
l'architecture, par Blondel, 1754.— Nouvelle che-
minée qui garantit de la fumée, par Genneté. 1759,
in-12, fig. v. r.

La plupart de ces pièces sont rares.

75. FÉLIBIEN. Recueil de descriptions de peintures
et d'autres ouvrages faits pour le roy. *Paris, Cramoisy*, 1689; in-12, v. br.

76. COCHIN. Recueil de quelques pièces concernant les arts. *Paris, Jombart*, 1757; in-12, v. br.

77. RECUEIL de douze pièces sur les beaux-arts,
les musées, les monuments publics, etc. 1791-
1799; in-4, fig. d.-rel.

Cette collection contient des pièces rarissimes. Nous n'en citons que quel-
ques-unes : Notice des ouvrages de sculpture, architecture et peinture, exposés au concours, an III.— Noms des artistes qui ont remporté le prix de peinture l'an VIII. — Fêtes de la liberté et entrée triomphale des objets d'art
recueillis en Italie, an VI.— Adresse à l'Assemblée nationale par les graveurs
et propriétaires de planches gravées, etc., etc.

78. RECUEIL de 84 pièces, 1790-94, sur les beaux-arts, les musées, les prix, etc.; 2 vol. in-8, d.-rel.

Collection des plus précieuses, qui contient un grand nombre de pièces intéressantes et introuvables aujourd'hui. Nous n'en citons que les suivantes :
Considérations sur les avantages de changer le costume français. — Rapport sur l'établissement d'un Conservatoire des arts et métiers. — Pièces concernant la salle des séances de la Convention. — Concours au monument à la gloire de la patrie et de la liberté. — Rapports sur l'état du Panthéon français et la transformation de l'église dite Sainte-Geneviève. — Rapport sur l'embellissement du jardin des Tuileries. — Projet d'un monument triomphal en l'honneur des quatorze armées de la République. — Instruction concernant la conservation des manuscrits, chartes, tableaux, sculptures, faisant partie des biens de la nation. — Instruction sur la manière de dresser les inventaires de ces objets, etc. — Procès-verbal des séances du jury des arts, an II. Opinions motivées des membres du jury (le sujet du concours pour la peinture était la mort de Brutus). Le jury était composé d'hommes de lettres, d'artistes et d'acteurs; Talma, Manuel, Lays, en faisaient partie. Pièce du plus haut intérêt. — Rapport sur le jury, par David. — Rapports, décrets, sur les récompenses nationales, sur la création d'une Ecole nationale des beaux-arts. — Dix pièces sur la création du Muséum national, sur son organisation, la restauration des tableaux, etc.

79. ART JOURNAL. *London*, 1860-66 ; 43 livraisons gr. in-4, fig. noires et color. broch.

Année 1860, 1 à 5 ; — 1861, complet ; — 1862, complet ; — 1863, livr. 1 à 11 ; — 1866, livr. 1, 8, 10.
Chaque livraison a été publiée au prix de 3 fr. 25 c.

80. DUPLESSIS (Georges). Essai d'une bibliographie générale des beaux-arts. *Paris, Rapilly,* 1866 ; in-8, br.

81. RECUEIL de pièces manuscrites, concernant Pie VI, le général Bonaparte, les conquêtes des Français en Italie, Allemagne, Egypte, etc.; 1 vol. in-8, v. br.

Nous ne citons que quelques chapitres de cet intéressant recueil :
a. Etat des sculptures, tableaux, etc., provenant de l'Italie, et différents assassinats qui ont été commis sur plusieurs Français.
b. Renseignements et état des sculptures, tableaux, provenant des conquêtes faites en Italie, 1796 et 1797.
c. Traité de Campo-Formio, etc., etc.

82. PROGRAMMES et cours révolutionnaires sur l'art militaire, les arts, métiers et sciences, an II à an III. 1 vol. in-4, fig. bas.

Ce Recueil précieux provient de la vente Goddé (n° 31).

83. BULLETIN de l'alliance des arts, sous la direction de P. Lacroix et de T. Thoré. *Paris,* 1842-46;
6 vol. in-8, cart. dos de toile, aux chiffr.

Collection importante devenue très-rare.

84. LACROIX (Paul). Revue universelle des arts.
Paris, 1855-59; vol. I à IX (manque livr. I du
tome IX), vol. I à VII d.-rel. veau f. aux chiff.; le
reste en livraisons.

85. REVIEW. The Fine Arts, quarterly review. *London, Day,* 1866-67, 2 vol. gr. in-8, fig. noires et
color. cart. en toile.

II. ARTS DU DESSIN.

I. *Dessin, anatomie, proportions, physiognomonie.*

86. LOMAZZO (J.-P.). Traicté de la proportion naturelle et artificielle des choses, trad. par Hil. Pader. *Tolose, A. Colomiez,* 1649; in-fol. fig. veau
brun.

87. BOSSI (Giuseppe). Delle Opinioni di Leonardo
da Vinci intorno alla simetria de' corpi umani.
Milano, Stamperia reale, 1811; in-fol. br. 3 pl.
fac-sim.

88. BRUNEL DE VARENNES (le chevalier). L'Art
du dessin chez les Grecs. *Paris, Colas,* 1816;
in-8, d.-vél. mar. v. chiff.

89. TABULA anatomica di Leonardi da Vinci. *Lunæ-
burgi,* 1830; in-4, cart.

Deux pages de texte, un fac-simile du dessin très-curieux de Léonard de
Vinci représentant l'acte de la génération.

90. VENTURI (J.-B.). Essai sur les ouvrages physico-
mathématiques de Léonard de Vinci avec des fragments tirés de ses manuscrits apportés de l'Italie, etc. *Paris, an V* (1797); in-4, broch. 1 pl.
grav.

91. ID. Le même ouvrage cartonné.

92. HARLESS (E.). Lehrbuch der plastichen Anatomie (Manuel d'anatomie plastique). *Stuttgart*, 1856-58, pet. in-8, fig. broch.

93. COUSIN (Jean). L'Art de dessiner. *Paris, Chereau*, 1787; in-4 obl. fig. sur bois, broch.

94. IGNY (de St-). Elémens de pourtraicture, ou la méthode de représenter et pourtraicter toutes les parties du corps humain. *Paris, F. Langlois, s. d.;* pet. in-8, cuir de R. fil. tr. dor.

Volume très-rare, orné de charmantes gravures.

95. THÉORIE de la figure humaine considérée dans ses principes, soit en repos ou en mouvement, ouvrage traduit du latin de P.-P. Rubens, avec XLIV planches gravées par P. Aveline. *Paris, Jombert*, 1773; in-4, broch.

96. CAMPER (P.). Discours sur le moyen de représenter d'une manière sûre les diverses passions qui se manifestent sur le visage, sur l'étonnante conformité qui existe entre les quadrupèdes, les oiseaux, les poissons et l'homme. *Utrecht*, 1792; in-4, portr. et 11 planches, br.

97. VÆNIUS (Enr.). Tractatus physiologicus de pulchritudine. *Bruxellis, Foppens*, 1662, pet. in-8, figures au trait. vél.

98. RUBEIS (J.-B. de). Des Portraits, ou traité pour saisir la physionomie (en italien et en français). *Paris, A. Bertrand*, 1809; in-4, fig. broch.

99. GROSE (François). Principes de caricature, suivis d'un essai sur la peinture comique, traduit en français sur la traduction allemande de M. Grossmann par M. L***. *Leipsig, Baumgartner, s. d.;* pet. in-4, d.-rel. v. f. avec 29 planches.

2. *Géométrie pittoresque, optique, perspective,
projection des ombres.*

100. DURERI (Alberti) Institionum geometricarum
libri quatuor. *Arnhemiæ, Joh. Jansonius,* 1606 ;
in-fol. fig. sur bois, v. br.

101. HURET (Grég.). Optique de portraiture et
peinture. *Paris, chez l'autheur,* 1670; in-fol. fig.
veau, br.

102. BASTEL (le R. P.). L'Optique des couleurs.
Paris, Briasson, 1740; in-12, fig. v. br.

103. CURABELLE (J.). Examen des œuvres du sieur
Desargues. *Paris, Langlois,* 1644; 2 part. en
1 vol. gr. in-4, fig., parch.

104. LE BICHEUR (Jacques). Traicté de la Pers-
pective, faict par un peintre de l'Académie roy.
Paris, Jollain (1660). — BOURGOING (Charles).
La Perspective affranchie. *Paris, Jollain,* 1661.
— 1 vol. in-4, fig. v. br.
L'un et l'autre ouvrage sont entièrement gravés.

105. LAMY (Bern.). Traité de la Perspective, où
sont contenus les fondemens de la peinture. *Paris, Anisson,* 1701 ; in-8, fig. veau marbr.

106. JEAURAT (Sébastien). Traité de Perspective à
l'usage des artistes. *Paris, Jombert,* 1750; in-4,
v. rac. 110 planches.
Très-bon traité. — Outre les planches démonstratives, il renferme un grand
nombre de charmants culs-de-lampes gravés par Baleel.

107. VALENCIENNES (P.-H.). Élémens de Perspective pratique, à l'usage des artistes, suivis de réflexions et conseils sur la peinture, et particulièrement sur le genre du paysage. *Paris,* 1820; in-4,
34 planches, d.-rel.

108. WAUTHIER (J.-M.). Traité analytique de la
Perspective pratique. *Londres, chez l'auteur,*
1824; in-4, obl., 13 planches, cart.

109. FARCY (C.). Cours élémentaire de Perspective à l'usage des dames. *Paris*, 1827; in-8, fig. veau viol. à comp. tr. dor.

110. GIRARDON. Cours élémentaire de Perspective linéaire, à l'usage des écoles des beaux-arts, de dessin, des artistes, architectes, etc. *Paris*, 1850; 1 vol. de texte et 1 vol. de pl. in-8, broch.

111. GOURNERIE (Jules de). Traité de Perspective linéaire contenant les tracés pour les tableaux, les bas-reliefs et les décorations théâtrales. *Paris, Dalmont et Dunod*, 1859; in-4, br. et un atlas de 45 planches renfermées dans un carton.

112. POUDRA. Traité de perspective-relief. *Paris*, 1862; 1 vol. in-8, et atlas de 18 pl. in-fol. obl. broch.

113. CHEVILLARD (A.). Leçons nouvelles de Perspective. *Paris*, 1868, 1 vol. in-8, et atlas de 32 pl. in-fol. obl. broch.

114. DICKSEE (J.-R.) The School Perspective, etc. 2° édit. *London, Virtue, s. d.*, in-8, cart. en percal.
Nombreuses gravures sur bois et 40 planches gravées. — Bon traité.

115. WOOD (J.) A Manual of perspective. *London, s. d.*, in-8. — DICKSEE (J.-R.). The School perspective. *London, s. d.*, in-8. — PYNE. Perspective for beginners. *London*, 1857; in-18. — 3 vol. avec figures, cart. en percal.

116. RUSKIN (John). The Elements of perspective, intended to be read in connexion with the first three books of Euclid. *London, Smith*, 1859; in-12. Cart. percal. Nombr. fig. sur bois dans le texte.

117. L'ÉVEILLÉ (Stanisl.). Études d'ombres à l'usage des écoles d'architecture. *Paris, Didot*, 1812; in-4, 15 pl. cart. en percal.

118. THIERRY fils. Méthode graphique et géométrique, ou le dessin linéaire appliqué aux arts en général, et en particulier à la projection des ombres. 2e édit. corrigée par C.-M. Maire. *Paris*, 1846; in-4, obl. grand nombre de planches, cart. en percal.

III. PEINTURE.

1. *Théorie.*

119. CENNINI (Cennino). Traité de la peinture, mis en lumière, avec des notes, par G. Tambroni, trad. par V. Mottez. *Paris et Lille*, 1858; in-8, d.-rel. veau fauve aux chiffr.

120. VINCI (Lionardo da). Trattato della pittura, tratto da un codice della bibliotheca Vaticana e dedicato alla Maestà di Luigi XVIII. *Roma*, 1817; in-4, d.-rel. Portr., fig.

121. PINO (Paolo). Dialogo di pittura nuovamente dato in luce. *Vinegia, Gherardo*, 1548; pet. in-8, mar. bl. tr. dor. (*Jolie reliure de Thompson.*)

Très-rare. — Il ne faut pas confondre Paolo Pino, peintre vénitien, imitateur de Bellin, avec Paolo Pini de Lucques, qui appartient à l'école de Carrache.

122. DOLCE (Lodovico). Dialogo della pittura, intitolato l'Aretino, nel quale si tratta della dignità di essa pittura e di tutte le parti necessarie che a perfetto pittore si acconvengono, ecc. *Vinegia, Giolito*, 1557; pet. in-8, mar. v. fil. tr. dor.

Charmant exemplaire d'une édition rare et recherchée. — Dolce parle, à la fin de son dialogue, des mérites et des ouvrages de Titien dont il était l'ami.

123. DOLCE (Lodovico). Dialogo della pittura, intitolato l'Aretino, nel quale si ragiona della dignità di essa pittura, e di tutte le parti necessarie che a perfetto pittore si acconvengono, ecc., e nel fine si fà mentione delle virtù e delle opere del divin Titiano. *Vinegia, Giolito de' Ferrari*, 1557; pet. in-8, d.-rel. v. v.

124. SORTE (Christoforo). Observationi nella pit-

tura. *Venetia, Zenaro*, 1580; in-4, carton. (18 pages.)

Bel exemplaire d'un traité peu commun.

125. LOMAZZO (Gio.-Paolo). Trattato dell' arte de la pittura diviso in sette libri, ne' quali si contiene tutta la theorica et la pratica d'essa pittura. *Milano, Pontio*, 1584; in-4, mar. r. du Levant, tr. dor. fil. pet. fers. (*Très-belle reliure de Heldt*).

Exemplaire, avec quelques notes et corrections manuscrites du temps, d'une édition rarissime dont Cicognara ne cite que deux exemplaires, l'un dans sa bibliothèque, l'autre dans celle de Smith. Ce qui constitue l'extrême rareté de ce livre, c'est qu'il réunit, à la date de 1584, le carton renfermant un chapitre supplémentaire à placer à la page 328 intitulé *Dell' arte di allongare la vista*. Le portrait de l'auteur, gravé sur bois, se trouve au titre, à la page 17.

126. LOMAZZO (Gio.-Paolo). Trattato dell' arte della pittura, scoltura et architectura, diviso in sette libri, etc. *Milano, Pontio*, 1585; in-4, d.-rel. v. f. Avec portrait gravé sur bois.

Deuxième édition de cet ouvrage, mais sans aucune variante dans le texte. La première édition ne diffère de celle-ci que par le titre et une ligne de plus dans la deuxième page de l'épître dédicatoire.

127. LOMAZZO (Gio.-Paolo). Idea del tempio della pittura, nella quale egli discorre dell' origine e fondamento delle cose contenute nel suo trattato dell' Arte della Pittura. *Bologna*, 1785; pet. in-4, d.-rel. v. f.

128. ARMENINI (Gio.-Battista). De' Veri Precetti della pittura libri tre, etc. *Ravenna, Tebaldini*, 1587; in-4, parch. Notes marginales.

Edition originale et rare.

129. COMANINI (Gregorio). Il Figino overo del fine della pittura, dialogo ove quistionandosi si il fine della pittura sia l'utile overo il diletto, si tratta dell' uso di quella nel christianesimo, etc. *Mantova, Osanna*, 1691; in-4, mar. vert, tr. dor. (*Élégante reliure de Thompson.*)

Exemplaire bien conservé d'un livre très-rare.

130. BISAGNO (Francesco). Trattato della pittura, fondato nell' autorità di molti eccellenti in questa

professione. *Venetia, li Giunti*, 1642; pet. in-8,
d.-rel. cuir de R.

131. SCANNELLI (Francesco). Il Microcosmo della
pittura, ouero trattato diviso in due libri; nel
primo, spettante alla Theorica, si discorre delle
grandezze d'essa Pittura, delle parti principali, de'
veri precetti et più degni maestri, delle tre mag-
giori Scuole, etc. — Nel secondo, che in ordine
dimostra la pratica, s'additano l'opere diverse più
famose ed eccellenti, etc. *Cesena, Neri*, 1657;
in-4, cart. non rogn.

Très-bel exemplaire d'un livre rare et rempli de renseignements précieux
sur les artistes et leurs ouvrages.

132. CIOCCHI (Gio.-Maria). La Pittura in Par-
nasso. *Firenze, M. Nestemus*, 1725; in-4, vél.

133. FRANCHI (Anton.). La Teorica della pittura,
ovvero Trattato delle materie più necessarie, per
appendere con fondamento quest' arte. *Lucca,
Marescandoli*, 1739, in-8, cart. n. rogn.

134. RINALDINI. Risposta alle reflessioni critiche
sopra le differenti scuole di pittura del march.
d'Argens. *Lucca,* 1755; pet. in-8, veau marbr.
fil.

135. ZANOTTI (Giamp.-Cavazzoni). Avvertimenti
per lo incamminamento di un giovane alla pittura. *Bologna, Lelio dalla Volpe*, 1756; in-8, fig.
cart. non rogn.

136. CHIUSOLE (Comte Adamo). Dell' Arte pit-
torica, coll' aggiunta di componimenti diversi.
Venezia, Coroboli, 1768; pet. in-8, d.-rel.

137. PRUNETTI (M.). Saggio pittorico. Canoni
della pittura. Reflessioni sull' arte critico-pit-
torica. Caratteri distinctivi delle diverse scuole di
pittura che nelle chiese di Roma esistono, etc.
Roma, Zempel, 1785, in-12, d.-rel.

138. PASSERI (Niccolà). Del Metodo di studiare
la pittura e delle cagioni di sua decadenza,

dialoghi, aggiuntovi un piano di statuti per formare una pubblica Accademia di pittura, scultura, ecc. *Napoli, Flauto*, 1795; 2 v. in-8 en un, demi rel. v. f.

Ces dialogues sont précédés d'une très-curieuse dissertation adressée au lecteur.

139. SELVATICO (Pietro). Pensieri sull' educazione del pittore storico odierno italiano. *Padova, tipi del Seminario*, 1842; gr. in-8, demi-rel. dos et coins mar. viol. fil. chif.

140. SUARDO (Giovanni Secco). Sulla scoperta ed introduzione in Italia dell' odierno sistema di dipingere ad olio. *Milano, Bernardoni*, 1858; in-8, br.

141. CARDUCHO (Vinc.). Dialogos de la pintura, su Defensa, origen, essencia, definicion, modos y diferencias. *Madrid, Martinez*, 1634; pet. in-4, 8 gravures à l'eau-forte par Francisco Lopez, veau.

Les notices qui se trouvent dans ce livre rare sont précieuses, surtout en ce qui concerne les palais d'Espagne. On y parle de plusieurs discours inédits de Michel-Ange, discours maintenant perdus au grand détriment de l'art. Carducho était Florentin d'origine (*Carducci*) et s'établit jeune à la cour d'Espagne.

142. PALOMINO (D. Antonio). El Museo pictorico y escala optica. *Madrid, Sancha*, 1795-97; 3 vol. in-fol. réunis en 2, v. rac. (*Nombreuses planches gravées*).

Très-bel exemplaire d'un livre rare et précieux. L'auteur y traite de l'origine de l'art, du dessin, de la perspective, de tous les genres de peinture, et termine par une biographie des peintres et sculpteurs espagnols.

143. EUSEBI (Luis). Ensayo sobre las diferentes escuelas de pintura. *Madrid, impr. nacional*, 1822; in-18, br.

144. BOSSE (A.). Sentimens sur la distinction des diverses manières de peinture, dessin et gravure, et des originaux d'avec leurs copies. *Paris, chez l'autheur*, 1649; pet. in-12, veau f. fil. tr. dor.

145. BOSSE (A.). Le Peintre converty aux précises et universelles règles de son art. *Paris, A. Bosse,* 1667; pet. in-8; 2 frontisp. gr. veau f. fil. tr. dor.

Exemplaire en petit papier avec un seul frontispice.

146. Le même livre. *Paris,* 1667; pet. in-8, parch.

Bel exemplaire en grand papier.

147. DE PILES. Conversations sur la connoissance de la peinture et du jugement qu'on doit faire des tableaux, avec la vie de Rubens. *Paris, Langlois,* 1677, in-12, fig. v. br.

148. DUPUY DU GREZ (Bernard). Traité sur la Peinture, pour en apprendre la théorie et se perfectionner dans la pratique. *Toulouse, Pech,* 1699; in-4, fig. d.-rel. mar. br.

Cet ouvrage, difficile à trouver, se compose de quatre dissertations sur le dessin, le coloris, la composition et l'optique; on y trouve des renseignements précieux sur les œuvres de quelques artistes français : Hilaire Pader, Tournier, Chalette, Simon Vouet, Fredeau.

Les vignettes ont été gravées par Ant. Rivalz, jeune artiste toulousain qui étudia la peinture à Rome avec beaucoup de succès.

149. DE PILES. Cours de Peinture par principes. *Paris, J. Estienne,* 1708; in-12, fig. veau marbr.

150. DU FRESNOY (C.-A.). L'Art de Peinture, enrichy de remarques et augmenté. *Paris, Langlois,* 1685; in-12, veau br.

On trouve à la fin : Figures d'Académie pour apprendre à désiner (*sic*) grav. par Séb. Le Clerc. (*Jolie suite de gravures.*)

151. RICHARDSON père et fils. Traité de la peinture et de la sculpture. *Amsterdam et Paris,* 1728; 2 vol. in-8, veau marbr.

152. ARGENS (J.-B. Boyer, marquis d'). Réflexions critiques sur les différentes écoles de peinture. *Paris, Rollin,* 1752; pet. in-8, veau marbr. fil.

153. GAUTIER. Observations sur la peinture et sur les tableaux anciens et modernes. *Paris, Jorry,* 1753; in-12, fig. v. br.

Voyez, sur ce livre, devenu rare, la longue notice du Catalogue Goddé, n° 719.

154. DANDRÉ-BARDON. Traité de peinture, suivi d'un essai sur la sculpture. *Paris, Desaint,* 1765; 2 vol. in-12, veau marbr.

155. WEBB. Recherches sur la beauté de la peinture, trad. par Bergier. *Paris, Briasson,* 1765; in-12, v. marbr.

156. ALGAROTTI. Essai sur la peinture et sur l'Académie de France établie à Rome, trad. par Pingeron. *Paris, Merlin,* 1769; in-12, veau marbr.

157. LAUGIER (l'abbé). Manière de bien juger des ouvrages de peinture. *Paris, Jombert,* 1771; in-12, v. rac.

158. HAGEDORN. Réflexions sur la peinture, trad. de l'allemand par Huber. *Leipzig, Fritsch,* 1775; 2 vol. in-8, veau marbr.

159. LIOTARD (J.-E.). Traité des principes et des règles de la peinture. *Genève,* 1781; in-8, br.

Ce livre, dédié aux *mânes du Corrége,* par le bizarre et très-habile peintre génevois, renferme beaucoup de réflexions et de préceptes utiles qui n'ont rien de commun avec ceux professés dans les académies.

160. LAIRESSE (Girard de). Le Grand Livre des peintres, etc., auquel on a joint les principes du dessin, du même auteur, traduit du hollandais sur la 2e édition. *Paris, à l'hôtel de Thou,* 1787; 2 vol. in-4. v. écail. fil. 35 planches gravées.

161. DUFRESNOY (C.-A.). L'Art de peindre, trad. en vers françois par M. Renou. *Paris, impr. de Monsieur,* 1789; in-8, broch.

162. ARMAND. Réflexions sur l'art de la peinture, considérée comme peinture héroïque. *Paris, Monteret,* 1808, in-12, broch.

*2. Pratique. — Peinture à l'huile. — Miniature. —
Pastel. — Encaustique. — Couleurs, vernis.*

163. PRANTL (Carl). Aristotelis über die Farben.
München, Kaiser, 1849; in-8, demi-rel. v. ceris.
chiffr. fleur. (*Capé.*)

164. OPOIX. Théorie des couleurs et des corps in-
flammables, et de leurs principes constituants, la
lumière et le feu. *Paris, Méquignon,* 1808; in-8,
d.-rel. veau rouge, aux chiffr.

165. PFANNENSCHMIDT (A.-L.). Essai sur la manière de mélanger et composer toutes les couleurs,
au moyen du bleu, du jaune et du rouge, et d'a-
près le triangle annexé à cet ouvrage, rédigé et
publ. par E.-R. Schulz. *Paris, Debure,* 1788. —
DELORMOIS. L'Art de faire l'indienne à l'instar
de l'Angleterre, et de composer toutes les couleurs, bon teint. *Paris, Jombert,* 1770. — TRAITÉ
des différentes espèces de tapisseries, et principalement de la tapisserie au petit point et au point
long. *Yverdon,* 1776; 1 vol. in-12, bas.

166. GAUTIER. Chroa-Génésie, ou Génération des
couleurs, contre le système de Newton. *Paris,
Boudet,* 1750; 2 vol. in-12, fig. maroq. r. fil. tr.
dor. (*Rel. ancienne.*)

167. OUDRY (J.-B.). Réflexions sur la manière d'é-
tudier la couleur en comparant les objets les uns
aux autres. (Lecture faite le 7 juin 1749 à l'Académie de peinture.) — Discours sur la pratique
de la peinture et ses trois procédés principaux,
ébaucher, peindre à fond, et retoucher (2e discours d'Oudry). — Pratique universelle de la
peinture en mignature par l'explication du livre de
fleurs et d'oiseaux de feu Nicolas Robert. — MS.
in-4 d'une superbe écriture. Très-belle reliure de
Derome, maroq. vert (*à l'oiseau*), tr. dor.

Les deux discours d'Oudry, d'un style aussi élégant que pittoresque, renferment, sur la pratique de la peinture et sur la couleur, les conseils les plus utiles qui aient jamais été donnés. Le premier discours a été publié dans le *Cabinet de l'Amateur*, première série, et le deuxième dans le même ouvrage, nouvelle série, 1861.

168. DE PILES. Éléments de peinture pratique. *Paris, Jombert,* 1766; in-12, 5 pl. veau marbr.

169. JOBIER (Ph.). Nouveau Traité très-instructif aux artistes et amateurs du dessin, de la peinture et dorure. *Genève,* 1779; in-12, veau f. (*Reliure anc.*)

170. LE MOYEN de devenir peintre en trois heures et d'exécuter les ouvrages des plus grands maîtres sans avoir appris le dessin. *Paris, libraires associés,* 1756; pet. in-8, v. br.

Dialogue curieux entre une marquise et un peintre, qui lui apprend à décalquer les estampes sur verre et à les colorier.

171. TRAITÉ de la peinture au pastel, par P.-R. de C... *Paris,* 1788; in-12, br.

172. SAINT-VICTOR. Aquarelle miniature, reflets métalliques et chatoyans et peinture à l'huile sur velours. *Milan,* 1835; gr. in-8, fig. noires et color. broch.

173. ÉCOLE de la mignature, dans laquelle on peut aisément apprendre à peindre sans maître. *Paris, Musier,* 1767; in-12, bas. éc.

174. REQUENO (Vinc.). Saggi sul ristabilimento dell' antica arte de' Greci e Romani pittori. *Parma, stamperia reale (Bodoni),* 1767; 2 vol. gr. in-8, fr. grav. d.-rel. n. rogn.

On a ajouté à la fin du deuxième volume : *Della cera punica, discorso del cav. Lorgna. Verona,* 1785.

175. FRATEL (Joseph). La Cire alliée avec l'huile, ou la Peinture à l'huile-cire trouvée à Manheim par M. Ch. baron de Taubenheim. *Manheim, imprimerie de l'Académie électorale,* 1770; in-8, v. rac.

Avec un frontispice gravé représentant les armes du baron de Taubenheim.

176. CAYLUS et MAJAULT. Mémoire sur la peinture à l'encaustique et sur la peinture à la cire. *Genève, Pissot,* 1755 ; in-8, v. rac. front. grav. et 2 pl.

177. L'HISTOIRE et le secret de la peinture en cire (par Diderot). *S. l. ni d.;* in-12, cart.

178. FABBRONI. Antichità, vantaggi e metodo della pittura encausta. *Venezia, Graziosi,* 1800 ; in-8, d.-rel. v. vert.

179. L'ART nouveau de la peinture au fromage ou en ramequin, etc. *A Marolles,* 1755 ; in-12, 20 pag.
Brochure satirique dirigée contre la nouvelle manière de peindre à la cire.

180. COMPOSITION de toutes sortes de couleurs fines. L'an de grâce 1765 ; in-4, bas.
Manuscrit sur papier, 103 pages.

181. RECUEIL de secrets à l'usage des artistes. *Paris, Laporte, s. d.; in-12,* veau marbr.

182. RECUEIL de 16 ouvrages modernes, 1852-1867, sur le dessin, la peinture à l'aquarelle, à la gouache, la perspective, etc. 17 vol. in-8 et in-12, fig. broch.

183. WATIN. L'Art du peintre, doreur, vernisseur. *Paris,* 1802. — École de la miniature, ou l'Art d'apprendre à peindre sans maître. *Paris,* 1817 ; fig. — Le Guide de l'artiste et de l'amateur, par M. Kératry. *Paris,* 1824. — Traité élémentaire du dessin et de la peinture, par Libert. *Paris,* 1825; fig. — Beaux-Arts. Perspective, dessin, peinture et gravure, trad. de l'anglais, par Bulos. *Paris,* 1825; 5 vol. in-8 et in-12.

3. *Traités sur la peinture du paysage.*

184. PHILIPPS (G. F.). A practical Treatise on drawing and on painting in water colours. *London,*

1839; in-8, 20 planches noires et color., cart. en percal.

185. GILPIN (William). Three essays, On picturesque beauty; On picturesque travel; On sketching landscape. With a poem on landscape painting. *London,* 1808; in-8, fig. cart. n. rogn.

186. LECARPENTIER (C.-J.-F.). Essai sur le paysage. *Paris, Treuttel et Würtz,* 1817; in-8, 1 pl. d.-rel. mar. v.

187. DEPERTHES (J.-B.). Histoire de l'art du paysage depuis la Renaissance jusqu'au dix-huitième siècle. *Paris, Lenormant,* 1822; in-8. dem.-r. v. f. (Envoi de l'auteur.)

188. HERRMANN (Ch.-Th.). Essai sur le paysage. *Saint-Pétersbourg, imprimerie de l'Académie des sciences,* 1800; in-8, mar. du Levant vert, écrasé, dent. tr. dor.

Très-bel exemplaire d'un livre rare.

189. VANDER-BURCH (H.). Essai sur la peinture de paysage à l'huile, précédé d'une nouvelle méthode de peinture à l'aquarelle, etc. *Paris, Colcomb-Bourgeois,* 1839; in-8, v. aux chiffr. fleur. (*Capé.*)

190. DEPERTHES (J.-B.). Théorie du paysage, ou Considérations générales sur les beautés de la nature que l'art peut imiter. *Paris, Lenormant,* 1818; in-8, d.-rel. mar. vert.

4. *Peinture en émail, en mosaïque, sur verre.*

191. TEXIER (l'abbé). Essai historique et descriptif sur les émailleurs et les argentiers de Limoges. *Poitiers, Saurin frères,* 1848; in-8, dem.-rel. v. planches grav.

192. DUSSIEUX (L.). Recherches sur l'histoire de la peinture sur émail dans les temps anciens et

modernes, et spécialement en France. *Paris, Le-
leux,* 1841; in-8, dem.-rel. v. ant. chiffr. fleur.
(*Capé.*)

193. DUSSIEUX (L.). Recherches sur l'histoire de
la peinture sur émail dans les temps anciens et
modernes, et spécialement en France. *Paris, Le-
leux,* 1841. — THIBAUD (Émile). Considérations
historiques et critiques sur les vitraux anciens et
modernes, et sur la peinture sur verre. *Clermont-
Ferrand et Paris,* 1842; 2 vol. en un in-8, d.-rel.
v. fauv.

194. FERRAND (J.-Ph.). L'Art du feu ou de peindre
en é mail. *Paris, Collombat,* 1721; in-12, v. br.

195. HAUDICQUER DE BLANCOURT. De l'Art de
la verrerie, où l'on apprend à faire le verre, le
cristal et l'émail, la manière de faire les perles,
les pierres précieuses, la porcelaine, etc. *Paris,
Jombert,* 1697; in-12, fig. v. br.

196. TEXIER (l'abbé). Histoire de la peinture sur
verre en Limousin. *Paris, Didron,* 1847; in-8,
cart. dos. percal. 6 planch. gravées.

197. THIBAUD (Émile). Considérations historiques
et critiques sur les vitraux anciens et modernes et
sur la peinture sur verre. *Clermont-Ferrand et
Paris,* 1842; in-8, dem.-rel. v. ant. chiffr. et
fleur. (*Capé.*)

198. SPRETI (Cam.). Compendio storico dell' arte
di comporre musaici, con la descrizione de' musaici antichi delle basiliche di Ravenna. *Ravenna,
Roveri,* 1804; in-4, pap. fort. d.-rel.

199. ESSAI sur la peinture en mosaïque par M. Le
V... (Pierre le Viel). Ensemble d'une dissertation
sur la pierre spéculaire des anciens. *Paris, Vente,*
1778; in-8, dem.-rel. v. r.

5. Connaissance des tableaux. — Restauration.

200. GAULT DE SAINT-GERMAIN. École italienne. Guide des amateurs de peinture. Nouvelle édition, considérablement augmentée. *Paris, Bon,* 1835; in-8, mar. rouge. chiff.

201. GAULT DE SAINT-GERMAIN. Guide des amateurs de tableaux pour les écoles allemande, flamande et hollandaise. *Paris, Renouard,* 1818; 2 vol. in-12, d.-rel. dos et coins v. fauve.

Joli exemplaire d'un livre devenu assez rare. Dans le deuxième vol. (p. 225) on trouve un Essai sur les principales collections de l'Europe et sur celle de la couronne (de France).

202. GAULT DE SAINT-GERMAIN (P.-M.). Les Trois Siècles de la peinture en France, ou Galerie des peintres français, depuis François Ier jusqu'au règne de Napoléon. *Paris, Belin,* 1808; in-8, v. écail. fil.

Livre très-rare et très-intéressant. On y trouve la liste des tableaux *exposez dans la court du Palais-Royal* (1673); l'Origine de l'académie de Saint-Luc; une histoire curieuse des boutiques élevées sur le Pont-Neuf, de celles du pont Notre-Dame, boutiques dont le revenu appartenait à l'Académie.

203. (HAGEDORN.) Lettre d'un amateur de la peinture, avec des éclaircissements historiques sur un cabinet et les auteurs des tableaux qui le composent. *Dresde, Walther,* 1755; in-12, frontisp. gr. par Hutin, veau marbr.

IV. HISTOIRE DE L'ART.

1. Biographie générale des artistes. — Dictionnaires.
— Mélanges historiques.

204. HISTOIRE de la peinture ancienne, extraite de l'Hist. naturelle de Pline, liv. XXXV, avec le texte latin corrigé sur les manuscrits et éclairci par des remarques nouvelles. *Londres, Bowyer,* 1725; in-fol. v. br. avec un beau titre grav. par B. Picart.

205. BULLART (Isaac). Académie des sciences et des arts, contenant les vies et les éloges historiques des hommes illustres qui ont excellé en ces professions depuis environ quatre siècles dans les divers pays de l'Europe, avec leurs portraits tirez sur des originaux au naturel, et plusieurs inscriptions funèbres recueillies de leurs tombeaux. *Amsterdam, chez les héritiers de Daniel Elzevier,* 1682; 2 vol. in-fol. v. br.

Cet ouvrage renferme deux cent-soixante-quatre portraits gravés. Très-belles épreuves.

206. NAGLER (D G.-K.). Neues allgemeines Künstler-Lexicon oder Nachrichten vom dem Leben und den Werken der Maler, Bildbauer, Baumeister, Kupferstecher, Formschneider, Lithographen, etc. *München, Fleischmann,* 1835-1852; 22 vol. in-8, d.-rel. v. f. fleur. chif. (*Capé.*)

Très-bel exemplaire.

207. BALDINUCCI (Filip.). Opere, con annotazioni del sig. Dom. Maria Manni. *Milano, Classici,* 1808-1812; 14 vol. in-8, portraits, mar. br. du Levant, fleur. chif. (*Capé.*)

Très-bel exemplaire.

208. ZANI (Pietro). Enciclopedia metodica critico-ragionata delle Belle Arti. *Parma, typografia ducale,* 1819; 19 vol. reliés en 14, d.-rel. mar. vert, chiff. fleur. (*Capé.*)

Superbe exemplaire.

209. MEUSEL (Joh.-Georg.). Museum für Künstler und Kunstliebhaber. *Mannheim,* 1787-92; 18 part. en 4 vol. in-8, d.-rel. veau rouge, dos orné, aux chiffr. (*Capé.*)

210. MEUSEL (J.-G.). Neues Museum für Künstler und Kunstliebhaber. *Leipzig,* 1794; 4 part. en 1 vol. pet. in-8, 4 pl. d.-rel. veau bl. dos orné, aux chiffr. (*Capé.*)

211. MEUSEL (J.-G.). Neue Miscellaneen artistischen Inhalts für Künstler und Kunstliebhaber.

Leipzig, 1795-1803; 14 part. en 3 vol. in-8, fig.
d.-rel. veau r. dos orné, aux chiffr. (*Capé.*)

212. MEUSEL (J.-G.). Archiv für Künstler und
Kunstfreunde. *Dresden*, 1805-1808; 2 vol. in-8,
fig. cart.

213. FOERSTER (Ernst). Beiträge zur neuern
Kunstgeschichte. *Leipzig, Brockhaus,* 1835; in-8,
4 pl. d.-rel. veau bl. dos orné, aux chiffr. (*Capé.*)

214. ANSICHTEN über die bildenden Künste, und
Darstellung des Ganges derselben in Toscana, von
einem deutschen Künstler in Rom. *Heidelberg,*
1830; pet. in-8, broch.

215. MAROLLES (Michel de). Le Livre des peintres
et graveurs, nouvelle édition, revue par G. Duplessis. *Paris, Jeannet,* 1855; cart. non rogné.

Volume épuisé de la Bibliothèque elzévirienne.

216. EXTRAIT des différents ouvrages publiés sur la
vie des peintres, par M. P. D. L. F. (*Papillon de
La Ferté.*) *Paris, Ruault,* 1776; 2 vol. in-8 (titre
de *Moreau le jeune*), v. marb.

Bel exemplaire.

217. MONIER, peintre du Roi et professeur en l'A-
cadémie roiale de peinture et sculpture. Histoire
des arts qui ont rapport au dessin, divisée en trois
livres, où il est traité de son origine, de son progrès et de sa chute. *Paris, Giffart,* 1698; in-12,
v. br. titre gravé. Peu commun.

Peu commun.

218. A CONCISE INTRODUCTION to the Know-
ledge of the most eminent Painters, etc., and also
the subjects painted by each artist, etc. *London,
F. Cadell,* 1778; in-8, d.-rel. v. f.

219. PICOZZI (Stefano). Dizionario dei pittori dal
rinovamento delle belle arti fino al 1800. *Milano,*
1818; 2 vol. in-8, rel. en toile.

220. LECARPENTIER. Galerie des peintres célèbres, avec des remarques sur le genre de chaque maître. *Paris, Treuttel et Wurtz*, 1821; 2 vol. in-8, v. roug. rac. fil.

221. RANALLI (Ferdinando). Storia delle belle arti in Italia. Volume unico. *Firenze, società editrice fiorentina*, 1845; in-8, d.-rel. dos et coins mar. vert, chiffres, fleur. (*Capé*.)

Ce volume, de 1282 pages, complet en lui-même, est le tome IV de la *Biblioteca dell' Italiano*.

222. CAMPORI (G.). Gli Artisti italiani e stranieri negli stati Estensi. *Modena, Camera*, 1855; in-8, broch.

Ce très-intéressant ouvrage renferme, outre une foule de lettres, des renseignements, des documents sur huit cent cinquante artistes, dont quarante appartiennent à la France, vingt-cinq à l'Allemagne, vingt-cinq aux Flandres et à la Hollande, cinq à l'Espagne, quatre à la Suisse, deux à l'Angleterre, un à la Suède, les autres à toute l'Italie.

223. TRENTE VUES d'anciens monuments et des habitations de quelques personnes illustres, lithographiées par Plon. *Bruxelles, chez l'auteur*, 1826. — NICCIOLINI (Gio-Bat.). Elogio di Leon-Battista Alberti. *Firenze, Carli*, 1819; in-8. — PUCCINI (Tom.). Memorie istorico-critiche di Antonello degli Antonj pittore Messinese. *Firenze, Carli*, 1809; in-8, d.-rel. v. br.

L'ouvrage de Puccini sur les peintres de Messine est important.

2. *Biographie générale et particulière des peintres.*

224. SANDRART (Joachimus). Academia nobilissimæ artis pictoriæ, etc. *Noribergæ*, 1683; in-fol. v. f. aux armes, fig.

Magnifique exemplaire de cet excellent ouvrage, qui est la traduction latine du texte original allemand publié en 1675. Cette traduction, imprimée avec luxe, renferme en tout soixante-quatre planches gravées soigneusement au burin, représentant un grand nombre de portraits, des vignettes, etc. La vie de l'auteur forme seize pages placées à la fin du volume.

225. HARMS (Ant.-Frédéric). Tables historiques et chronologiques des plus fameux peintres anciens et modernes. *Bronswic, Meyer,* 1742; in-fol. d.-rel. mar. v.

Bel exemplaire d'un livre très-rare.

226. FÉLIBIEN. Entretien sur les vies et sur les ouvrages des plus excellents peintres anciens et modernes, etc. Nouvelle édition, augmentée des Conférences de l'Académie royale de peinture, etc. *Trévoux,* 1725; 6 vol. in-12, v. f. pl. gravées.

227. NOMS des peintres les plus célèbres et les plus connus, anciens et modernes (par And. Félibien). *Paris,* 1679; in-12, v. marb.

Très-rare.

228. PILES (de). Abrégé de la vie des peintres, avec des réflexions sur leurs ouvrages, et un Traité du peintre parfait, de la connoissance des dessins, de l'utilité des estampes. 2° édit. *Paris, Estienne,* 1715; in-12, d.-rel. v. br.

229. PILES (de). Abrégé de la vie des peintres, avec des réflexions sur leurs ouvrages. Nouvelle édit. *Amsterdam et Leipzig, Jombert,* 1767; in-12, cart. n. rog.

230. ABRÉGÉ de la vie des plus fameux peintres, avec leurs portraits gravés en taille-douce, les indications de leurs principaux ouvrages, etc., et la manière de connoître les dessins et les tableaux des grands maîtres, par M*** (*d'Argenville*). *Paris, De Bure,* 1772; 4 vol. in-8, v. marb. portraits et frontispice, belles épreuves.

Bel exemplaire.

231. NIEUWENHUYS (C.-J.). A Review of the lives of some of the most eminent painters. *London,* 1834; in-8, d.-rel. veau bl.

232. LENOIR (Alex.). Observations scientifiques et critiques sur le génie et les principales productions des peintres et autres artistes les plus célèbres de l'antiquité, du moyen âge et des temps modernes. *Paris,* 1821, in-8, 1 pl. d.-rel.

233. RUMOHR (E.-J.). Jtalienische Forschungen. *Berlin, in der Nicolai'schen Buchhandlung,* 1827; 3 parties en 1 vol. d.-rel. dos et coins mar. vert, fleur. tête dorée.

Cet ouvrage important renferme le résultat de différents voyages en Italie, et de sérieuses recherches dans les archives de Florence et de Sienne. Une longue note manuscrite donne l'analyse du contenu des trois parties et une notice biographique sur l'auteur.

234. JAMESON. Memoirs of the early Italian painters. *London, Knight,* 1845; 2 vol. in-8, br. Nombreuses figures sur bois bien gravées.

235. COINDET (John). Histoire de la peinture en Italie, guide de l'amateur des beaux-arts. *Genève, Cherbuliez,* 1849; 2 vol. in-16, d.-rel. v. br. fleur. chiff. (*Capé.*)

236. BEYLE. Histoire de la peinture en Italie. *Paris, P. Didot l'aîné,* 1817; 2 vol. in-8, d.-rel. v. f.

237. LES HOMMES célèbres de l'Italie, par MM. Legouvé, Schoelcher, Ch. Didier, Fortoul, Ferrier, Mazay, avec 28 portraits en pied, dessinés par Devéria, et gravés sur acier. *Paris, Ledoux,* 1845; gr. in-8, br.

Biographies de Cimabue, Giotto, Titien, Raphaël, P. Véronèse, Salvator Rosa, etc.

238. DUMESNIL (M.-J.). Histoire des plus célèbres amateurs italiens et de leurs relations avec les artistes. *Paris, Renouard,* in-8; d.-rel. mar. bl. chiff.

239. CLÉMENT (Charles). Michel-Ange, Léonard de Vinci, Raphaël, avec une étude sur l'art en Italie avant le XVIᵉ siècle, et des catalogues raisonnés historiques et bibliographiques. *Paris, Michel Lévy,* 1861; in-12, br. non rog.

240. VASARI (Giorgio). Le Vite de' più eccellenti architetti, pittori et scultori italiani, da Cimabue

in fino a' tempi nostri descritte in lingua Toscana, etc. *Firenze, Torrentino,* 1550; pet. in-4,
3 parties en 2 vol. mar. du Lev. rouge, arabesques
à froid, chif. fleurons, dent. tr. dor. (*Capé.*)

Superbe exemplaire et fort belle reliure. (1re édition, publiée par l'auteur.)

241. VASARI (Giorgio). Le Vite de' più eccellenti
pittori, scultori et architettori, scritte di nuovo,
ampliate, co' ritratti loro et con le nuove vite dal
1505 in fino al 1567, etc. *Fiorenza, Giunti,* 1567;
3 vol. in-4, frontispices, portraits gravés sur bois,
mar. du Levant br. antique, arabesques, filets,
chiffres sur les plats, dent. tr. dorée.

Magnifique exemplaire de la plus belle conservation, et très-remarquable
reliure de Capé. (C'est la deuxième édition publiée par l'auteur.)

242. VASARI (Giorgio). Vite de' più eccellenti pittori, scultori e architetti, colle note e illustrazioni
di Gio. Bottari. *Roma, Pagliavini,* 1759-1760;
4 vol. in-4 (trois de texte, un de portraits. Très-
belles épreuves). Grand papier non rog. Cart. à
la Bradel.

*Très-bel exemplaire d'une superbe édition enrichie de notes nombreuses et
précieuses. Il manque, dans l'Index des professeurs, quatre pages formant le
cahier *e.*

243. DOUZE VIES de peintres, tirées de Vasary,
mises en françois par le sieur Allexis Fellibien,
seigneur de la Thuillerie. Manuscrit petit in-fol.
v. br.

Ce manuscrit, écrit au dix-septième siècle, renferme les vies de Mantegne,
P. Pérugine, L. da Vincy, Michel-Ange, Polidoro et Maturino, J. Romano,
A. del Sarto, P. del Vaque, Salviati, T. Zucchero, ouvrages du Titien, Sé-
bastien del Piombo, Parmesan, et les biographies d'Aug. Carrache et d'Ant.
Carrache, traduites de Baglione. (Il y a donc seize biographies au lieu de
douze annoncées par le titre.)

244. VASARI. Vies des plus célèbres peintres, sculpteurs et architectes, traduites et annotées par Jeanron et Léopold Léclanché. Orné de 120 portraits
gravés par Bouquet et Wacquez, d'après les dessins de Jeanron. *Paris, au bureau central du Vasari,* 1839-42; 10 vol. in-8, d.-rel. dos et coins
v. viol. fil. chiff.

245. LOMAZZO (Gio. Paolo), milanese pittore. Rime divise in sette libri nelle quali ad imitazione deigroteschi usati da' pittori ha cantate le lode di Dio, etc., e quelle dei pittori, scultori, architetti, con la vita de l'autore in fine descritta da lui stesso in rime sciolte. *Milano, Pontio,* 1587; in-4, v, br.

Ce gros volume, d'environ 6oo pages, a un frontispice avec le portrait de l'auteur au commencement de chaque livre. — Ouvrage rempli de notices précieuses.

Dans cet exemplaire il y a une transposition du titre et des trente-deux premières pages placées par erreur à la fin du volume. Du reste, il serait difficile de trouver un plus bel exemplaire de ce rare volume.

246. BORGHINI (Raffaello). Il Riposo in cui della pittura e della scultura si favella, de' più illustri pittori e sculptori e delle più famose opere loro si fa mentione, etc. *Fiorenza , S. Marescotti,* 1584; pet. in-8, v. br.

Rare.

247. ORLANDI (Pellegr. Ant.). L'Abecedario pittorico d'all autore ristampatto, corretto, etc. (Edition dédiée à Pierre Royal). *Bologna , Pisarri,* 1719; in-4, v. br.

248. ORLANDI (Pellegrino Antonio). Abecedario pittorico, contenente notizie de' professori di pittura, scultura ed architettura, in questa edizione notabilmente di nuove notizie accresciuto. *Napoli,* 1763; in-4. Carton. non rogné, avec 5 planches gravées de monogrammes.

249. SUPPLEMENTO alla serie dei trecento elogi, ritratti degli uomini i più illustri in pittura, scultura e architettura, o sia abecedario pittorico dall' origine delle belle arti a tutto l'anno 1775, dedicato a D. Ferdinando Fuga. *Firenze,* 1776; in-4, d.-rel. v. r. Portrait gravé de l'architecte Fuga, et 3 planches de monogrammes.

249 *bis.* ID. 2ᵉ exempl. Cart. dos et coins en toile.

250. MORELLI (*D. Jacopo*). Notizia d'opere di disegno nella prima metà del secolo XVI, esistenti in Padova, Cremona, Milano, Pavia, Bergamo, Crema e Venezia, scritta da un anonimo di quel tempo, illustrata da Morelli. *Bassano*, 1800; in-8, d.-rel. et coins mar. br. du Levant, fleur. (*Capé.*)

Très-bel exemplaire non rogné, tête dorée.

251. GUALANDI (Michelangelo). Memorie originali italiane risguardanti le belle arti. *Bologna, J. Marsigli*, 1840-1845; 6 séries en 3 v. gr. in-8, d.-rel. v. fauv. fleur. chiffr. (*Capé.*)

252. SCARABELLI (Luciano). Opuscoli artistici, morali, scientifici et letterarii. — Scritti artistici. *Piacenza, del Majus*, 1843; in-8, d.-rel. chiffr. v. br. (*Capé.*)

Cet ouvrage renferme des biographies : Gandolfi, Viganoni, Landi ; des illustrations : sur les peintures de Pordenone à Plaisance, à Cortemagiore ; sur le Francia ; des lettres, des articles critiques. Ce volume est imprimé avec beaucoup de soin, et toutes les pages sont encadrées d'un double filet.

253. TEMANZA (Andrea). Vita di Andrea Palladio, egregio architetto, etc., aggiuntevi in fine due scritture dello stesso Palladio finora inedite. *Venezia, Pasquali*, 1762; in-4. — TEMANZA (Tommaso). Vita di Jacopo Sansovino fiorentino scultore et architetto chiarissimo. *Venezia, Storti*, 1752, in-4. — Vita inedita di Rafaello da Urbino, illustrata con note da Angelo Concolli. *Roma, Salvioni*, 1790. — CALVI. Notizie della vita e delle opere del cav. Gioan. Fran. Barbieri, detto il Guercino da Cento, etc. *Bologna, Marsigli*, 1808; in-4, portr. gr.

Ces excellentes biographies sont réunies en un vol. in-4, d.-rel. v. br.

254. MALVASIA (il conte Carlo Cesare). Felsina pittrice, vite de' pittori bolognesi. *Bologna, per l'erede di Domenico Barbieri*, 1678; 2 vol. in-4, rel. ital. en parchem. portr. — CRESPI (Luigi). Felsina pittrice. Vite di pittori bolognesi, tomo terzo. *Roma, M. Pagliarini*, 1769; in-4, reliure en parchemin.

Ce troisième volume est un supplément à l'ouvrage de Malvasia.

255. MALVASIA (il conte Carlo Cesare). Felsina pittrice. Vite de' pittori bolognesi, con aggiunte, correzioni e note inedite del medesimo autore, di Giamp. Zanotti e di altri scrittori viventi. *Bologna, Guidi*, 1841 ; gr. in-8 à 2 colon. portr. d.-rel. mar. br. du Levant, chiff. fleur. (*Capé*.)

Très-bel exemplaire.

256. VITTORIA (D. V.). Osservazioni sopra il libro della Felsina pittrice, per difesa di Raffaello da Urbino, dei Caracci e della loro scuola, publicate et divise in sette lettere. *Roma, G. Zenobi*, 1703 ; in-8, fig. rel. en vél.

257. VALLE (fra Guglielmo della). Lettere senesi di un socio dell' academia di Fossano, sopra le belle arti. *Venezia, Pasquali*, 1782-1786 ; 3 vol. in-4, d.-rel. dos et coins, mar. br. fleur. et chiff. non rogné, tr. dor. (*Capé*.)

Superbe exemplaire d'un livre difficile à rencontrer.

258. MILANESI (il dott. Gaetano). Documenti per la storia dell' arte senese. *Siena, Onorato Porri*, 1854-1856 ; 3 v. gr. in-8, demi-rel. dos de toile, chiff.

Bel exemplaire, non rogné, d'un livre renfermant des documents précieux.

259. SOPRANI (Raffaello). Vite de' pittori, scultori ed architetti Genovesi, in questa seconda edizione, rivedute, accresciute ed arrichite di note da Carlo Giuseppe Ratti. *Genova, Casamara*, 1768 ; 2 v. in-4, titres gravés, fig. portraits, d.-rel. v. vert.

260. DOMINICI (Bernardo de'). Vite de' pittori, scultori ed architetti napoletani, non mie date alla luce da autore alcuno. *Napoli, Ricciardi*, 1742-45 ; 13 vol. in-4, parch. avec un portrait de l'auteur.

Ouvrage très-important et peu commun.

261. CODDÈ (Pasquale). Memorie biografiche poste in forma di dizionario, dei pittori, scultori, architetti ed incisori mantovani, per la più parte finora sconosciuti, aumentate e scritte dal dott. Fisico Luigi Coddè. *Mantova, Negretti,* 1837; in-8, d.-rel. v. br.

262. CARTIER (E.). Vie de Fra Angelico de Fiesole, de l'ordre des Frères prêcheurs. *Paris, veuve Poussielgue-Rusand,* 1857; cart. non rogné.

Excellente biographie de ce peintre célèbre.

263. MARCHESE (il P. L. Vinc.). Memorie dei più insigni pittori, scultori e architetti domenicani, con aggiunta di alcuni scritti intorno le belle arti. *Firenze, Ale. Parenti,* 1845; 2 vol. gr. in-8, non rogn. portr. d.-rel. dos et coins, mar. du Lev. olive, fleur. chiff. (*Capé.*)

264. MARCHESE (il P. Vincenzo), domenicano. Scritti vari. *Firenze, F. Lemonnier,* in-16, br. avec un portr. gr. de l'auteur.

Ce intéressant ouvrage renferme, entre autres choses : l'Histoire du couvent de San-Marco, à Florence; des Dissertations sur les ouvrages de Savonarola; la Vie de Fra Benedetto Fiorentino, poëte et miniaturiste du seizième siècle; des Commentaires à la Vie d'Antonello de Messine; à la Vie et aux ouvrages de Matteo Civitali, sculpteur et architecte de Lucques; à la Vie de Gentile da Fabriano; illustrations de plusieurs peintures de la galerie J et R de l'Académie de Florence, etc.

265. PASCOLI (Lione). Vite de' pittori, scultori ed architetti perugini. *Roma, Rossi,* in-4, d.-rel. v. br.

266. PASCOLI (Lione). Vite de' pittori, scultori ed architetti moderni. *Roma, de' Rossi,* 1736, in-4, d.-rel. parch.

C'est le deuxième volume de l'ouvrage de Pascali. Le premier volume avait été publié en 1732.

267. ORSINI (Baldassare). Lettere pittoriche perugine, o sia Ragguaglio di alcune memorie istoriche risguardanti le arti del disegno in Perugia. *Perugia, stampe Badueliane,* 1788; in-4, cart. non rogn.

Excellent ouvrage, peu commun.

268. ORSINI (Baldassare). Memorie de' pittori perugini del secolo XVIII. *Perugia, Baduel*, 1806; in-8, cart. non rogn.

269. HACKERT (Filippo). Memorie de' pittori messinesi. (*Imprimerie royale*), gr. in-8, d.-rel. v. br.

Très-bel exemplaire d'un livre extrêmement rare et tiré seulement à *quelques exemplaires.*

270. PUCCINI (il cav. Tommaso). Memorie istorico-critiche di Antonello degli Antonj, pittore messinese. *Firenze, Carli e Comp.*, 1809; in-8, br. gr. pap. vél.

Avec envoi autographe de l'auteur.

271. MEMORIE de' pittori messinesi e degli esteri che fiorivono in Messina dal secolo XII fino al secolo XIX, ornate di ritratti. *Messina, G. Pappalardo*, 1821 ; in-4, carton. non rogn.

Rare.

272. RICCI (il marchese Amico). Memorie storiche delle arti e degli artisti della marca di Ancona. *Macerata, A. Mancini*, 1834; 2 vol. in-8, réunis en un, d.-rel. dos et coins, mar. du Lev. vert, fleur. chiff. non rogné. (*Capé.*)

Bel exemplaire de cet ouvrage, riche en documents précieux pour l'histoire de l'art.

273. LIONI (Ottavio). Ritratti di alcuni celebri pittori del secolo XVII, disegnati ed intagliati, con le vite de' medesimi, tratte da varj autori, accresciute d' annotazioni; si è aggiunta la vita di Carlo Maratti, scritta da G. P. Bellori fin all' anno 1689. *Roma, de' Rossi*, 1730; in-4, v. br.

Bel exemplaire d'un livre peu commun. Onze des portraits sont gravés par Ott. Lioni lui-même, avec beaucoup de talent; le douzième portrait, celui de C. Maratte, est d'une autre main. On sait que les gravures de Lioni sont peu nombreuses et rares.

274. BELLORI (Gio. Pietro). Le Vite de' pittori, scultori et architetti moderni, 1ª parte. *Roma, per il success. al Mascardi*, 1672 ; in-4, vél.

Avec titre gravé, fleurons, lettres grises, vignettes d'une exécution remar-

quable, douze portraits très-beaux d'épreuves et planches relatives aux proportions du corps humain, d'après N. Poussin.

On trouve dans ce livre la réimpression d'un livre excessivement rare : il
Funerale d'Agostin Carracio. L'exemplaire porte cette note autographe : *Por
uso di Carlo Cignani e sui amici.*

**275. BELLORI (Gio.). Le Vite de' pittori, scultori
et architetti moderni, etc. *Roma, il success. al
Mascardi,* 1672; in-4, portr. v. br.**

Belles épreuves.

**276. BELLORI (Gio. Pietro). Vite dei pittori, scul-
tori ed architetti moderni. *Pisa, Nicc. Capario,*
1821; 3 vol. in-8, d.-rel. v. gren. fil.**

**277. BAGLIONE (Giovanni). Le Vite de' pittori,
scultori et architetti dal ponteficato di Gregorio XIII del 1572 in fino a' tempi di papa Urbano
ottavo nel 1642. *Roma, Andrea Fei,* 1642; in-4,
reliure molle en vélin, titre gravé.**

C'est la première édition de cet ouvrage.

**278. BAGLIONE (Giovanni). Le Vite de' pittori,
scultori, architetti ed intagliatori dal pontificato
di Gregorio XIII, del 1572 fino a' tempi di papa
Urbano VIII, nel 1642, con la vita di Salvator
Rosa, pittore et poeta, scritta da Gio. Batista Pas-
sari. *Napoli, Rispoli,* 1733; gr. in-4, broché en
carton, non rogné.**

Très-bel exemplaire. Cet ouvrage renferme la biographie de 302 artistes.

**279. BARUFFALDI (Girolamo). Vite de' pittori e
scultori Ferraresi con annotazioni. *Ferrara, Dom.
Taddei,* 1844-1846; portr. 2 vol. gr. in-8, d.-rel.
coins, mar. br. du Lev. fleur. chiff. (*Capé.*)**

Très-bel exemplaire, non rogné.

**280. LADERCHI (Cammillo). La Pittura ferrarese.
Ferrara, Abram Servadio, 1856; gr. in-8, d.-rel.
coins, v. br. fil. chiff.**

Très-bel exemplaire.

**281. RIDOLFI (Carlo). La Maraviglia dell' arte,
overo le vite de gl' illustri pittori veneti, etc. *Venetia, Sgana,* 1648; 2 vol. in-4, vél. fil. portr.**

Bel exemplaire, dans sa première reliure, de cette édition originale et rare.

282. POZZO (Bartolomeo Co, dal). Le Vite de' pittori, degli scultori et architetti veronesi, colla narrativa delle pitture, etc., che si trovano nelle chiese, case, etc., di Verona *Verona, Berno,* 1718, in-4, parch.

Ouvrage justement estimé.

283. FABIO DI MANIAGO (il conte). Storia delle belle arti friulane, edizione seconda, ricoretta e accresciuta. *Udine, fratelli Mattiuzzi,* in-8, portr. gr. d.-rel. coins, mar. br. du Levant, fleur. (*Capé.*)

Très-bel exemplaire, non rogné, tête dorée.

284. VERCI (Giambatista). Notizie intorno alla vita e alle opere de' pittori, scultori e intagliatori della città di Bassano. *Venezia, Gatti,* 1775; pet. in-8, titre gravé, d.-rel. v. marb.

285. CATALOGO degli artisti bassanesi viventi, in cui si descrivono alcune delle loro migliori opere esposte in patria il di 16 agosto 1817 per festeggiare il nome dell' augusto nostro sovrano Napoleone il Grande. *Bassano, tipogr. Remondiana,* 1807; in-8.

Opuscule rare de 20 feuillets, papier fort, non numérotés. L'exemplaire porte un autographe de l'auteur : All'ornatissimo sig^e Francesco Reina, l'autore Bartolommeo Gamba.

286. RENALDIS (Girolamo de'). Della Pittura Friulana, saggio storico. *Udine, i fratelli Pecile,* 1798; in-4, d.-rel. v. f. chiff. (*Capé.*)

Très-bel exemplaire. Cet ouvrage contient des détails curieux sur les neuf peintres du nom de Vecellio : Tiziano, Francesco, Orazio, Fizianello, Cesare, etc.

287. TASSI (Francesco Maria). Vite de' pittori, scultori e architetti bergamaschi. *Bergamo, Locatelli,* MDCCVIIC (*sic*); 2 vol. in-4, portr. non rogné, cartonné.

288. MEMORIE trevigiane sulle opere di disegno dal mille e cento al mille ottocento, per servire alla storia delle belle arti d'Italia. *Venezia, An-*

dreola, 1803; 2 vol. in-4 réunis, d.-rel. v. br. fig.

289. LONGHI (Alessandro). Compendio delle vite de' pittori veneziani istorici più rinomati del presente secolo con suoi ritratti, tratti dal naturale delineati ed incisi (dal autore). *Venezia*, 1762; in-fol. vélin.

Ce beau livre est entièrement gravé. Il renferme 24 grands portraits placés an milieu de riches cartouches; le texte est également encadré de belles bordures. Magnifiques épreuves.

290. MOSCHINI (Giannantio). Della Origine e delle vicende della pittura in Padova. *Padova, Crescini*, 1826; in-8, br. non rogné.

Bon ouvrage, renfermant d'utiles renseignements.

291. GAULT DE SAINT-GERMAIN. Vie de Léonard de Vinci, suivie du catalogue de ses ouvrages dans les beaux-arts. *Paris, Munier*, 1803; in-8, d.-mar. citr.

Tiré à très-petit nombre et rare.

292. DEI ÉCLUZE (E.-J.). Léonard de Vinci. *Paris, Laugrand*, 1841; in-8, br. 81 pag. fac-sim.

Extrait du journal *l'Artiste*.

293. BROWN, esq. (John William). The Life of Leonardo da Vinci with a critical account of his Works. *London, W. Pickering*, 1828; pet. in-8, cart. portr. gr.

Avec un appendice renfermant des lettres de Léonard et le catalogue de son œuvre. Rare.

294. RIO (A.-F.). Léonard de Vinci et son école. *Paris*, 1855; in-12, br.

295. RIO (F.). Leonardo da Vinci e la sua scuola, illustrazioni storiche e note publicate per cura di Felice Turotti, colla traduzione dell' opera suddetta di F. Rio. *Milano*, 1857; in-8, d.-rel. v. r. 2 portraits.

296. AMORETTI (Carlo). Memorie storiche su la vita, gli studj e le opere di Lionardo da Vinci.

Milano, Giusti, in-8, d.-maroq. bl. fleur. chiff. (*Capé.*)

297. PINO (il Padre Maestro Domenico). Storia genuina del Cenacolo insigne dipinto da Leonardo da Vinci, nel refettorio de' Padri domenicani di Santa Maria delle Grazie di Milano. *Milano, Malatesta*, 1796.

On a relié dans le même volume : GIORDANI (Pietro), sulle pitture d'Innocenzo Francucci da Imola. *Milano, Silvestri*, 1819, in-8, d.-rel. v. br.

298. BOSSI (Giuseppe). Del Cenacolo di Leonardo da Vinci, libri quattro. *Milano, stamperia reale*, 1810; gr. in-4, d.-rel. v. ant. n. rogn. pl. gr.

299. LETTERE confidenziali di B. S. all' estensore delle postille alle osservazioni sul volume intitolato : Del Cenacolo di Leonardo da Vinci, libri quattro. *Milano, Pirotta*, 1812 ; in-8, d.-rel. bas.

300. GUILLON (l'abbé A.). Le Cénacle de Léonard de Vinci rendu aux amis des beaux-arts, dans le tableau qu'on voit aujourd'hui chez un citoyen de Milan, et qui était ci-devant dans le réfectoire de l'insigne chartreuse de Pavie. Essai historique et psychologique, etc. A la fin : Appendice sur les diverses copies du Cénacle de Léonard de Vinci. *Milan et Lyon*, 1811 ; in-8, cart.

Avec un envoi de l'auteur au comte de Fontanes, grand-maître de l'Université impériale, et une note autographe de l'auteur, p. 193. Rare et curieux.

301. GUILLON (Aimé). Sur l'ancienne copie de la Cène de Léonard de Vinci qu'on voit maintenant au Musée royal comparée à la plus célèbre de toutes, celle des chartreux de Pavie, etc. *Paris*, 1817 ; in-8, br. 51 pag. — *Du même auteur.* De quatre tableaux attribués à L. de Vinci, dans lesquels la Ste Vierge assise se penche vers son enfant qui joue avec un agneau. *Paris, chez l'auteur*, 1836 ; in-8, br. 50 pag.

302. RIGOLLOT (le docteur). Catalogue de l'œuvre de Léonard de Vinci. *Paris*, 1849 ; in-8, br. avec

une lithographie représentant le carton de Ste Anne de l'Académie royale de Londres.

303. **VALLARDI (Giuseppe).** Disegni di Leonardo da Vinci posseduti da G. Vallardi, dal medesimo descritti ed in parte illustrati. *Milano, Agnelli,* 1855; in-8, cart. portr.

304. **CONDIVI (Ascanio) da la ripa Transone.** Vita di Michel Angelo Buonarroti. *Roma, Blado,* 1553, alli 16 di luglio; pet. in-4, mar. du Lev. br. antique, filets, fleurons, chif. dent. tr. dor. (*Capé.*)

Superbe exemplaire, provenant de la bibliothèque de Colbert, d'un livre très-rare et précieux, parce qu'il a été écrit par un contemporain et un ami de Michel-Ange. (*Première édition.*)

305. **CONDIVI (Ascanio).** Vita di Michel Agnolo Buonarroti pittore, scultore, architetto, pubblicata mentre vivea, 2ᵃ edizione, corretta ed accresciuta di varie annotazioni con il ritratto del medesimo et altre figure in rame. *Firenze, Albizzini,* in-fol. parch.

Les nombreuses notes écrites par le savant Mariette, *le Annotazioni de Manni e de Cori,* donnent beaucoup de valeur à cette belle édition.

306. **VASARI.** Vita di Michel Agnolo Bonarroti pittore, scultore e architetto, aggiuntevi copiose note. *Roma, Pagliarini,* 1760; in-4, vél.

Édition très-recherchée, avec un beau portrait de Michel-Ange et plusieurs planches gravées.

307. **HAUCHECORNE (l'abbé).** Vie de Michel-Ange Buonarroti, peintre, sculpteur et architecte de Florence. *Paris, Pellot,* 1783; pet. in-8, bas. rac.

308. **BRETON (Ernest).** Notice sur la vie et les ouvrages de Michel-Ange. *St-Germain-en-Laye,* 1860; gr. in-8, br. 60 pag.

309. **ALCUNE Memorie di Michel Angiolo Buonarrotti** da mss. per le nozze di Clemente Cardinali con Anna Bori. *Roma, de Romanis,* 1823; in-8, br. 19 pag. 1 pl. gravé. (*Rare.*)

310. **VARCHI (Benedetto).** Due lezioni nella prima delle quali si dichiara un sonetto di Michelagnolo

Buonarroti; nella seconda si disputa quale sia più nobile arte la scultura e la pittura con una lettera di esso Michelagnolo e più altri excellentiss. pittori et scultori sopra la quistione sopradetta. *Fiorenza, Torrentino*, 1549; in-4, m. v. tr. dor. fil. (*Elégante reliure.*)

Rare et belle édition. Les huit lettres de la fin ont été écrites par Vasari, le Bronzino, le Pontorme, Tasse, Franc. de S. Gallo, Tribolo, Cellini et Michel-Ange.

311. ESEQUIE del divino Michel Agnolo Buonarroti, celebrate in Firenze dall' Accademia de' pittori, scultori e architettori, nella chiesa di S. Lorenzo il dì 28 giugno 1564. *Firenze, Giunti*, 1564; pet. in-4, mar. vert.

Livret fort rare de 44 pages non chiffrées. Les marges sont couvertes de notes d'une écriture ancienne.

312. TARSIA (Giov. Maria). Oratione, ovvero Discorso, fatto nell' esequie del divino Michelagnolo Buonarroti con alcuni sonetti e prose latine e volgari di diversi, circa il disparere occorso tra gli scultori e pittori. *Fiorenza, Sermartelli*, 1564; in-4, v. fil. tr. dor. (*Rel. angl.*)

Opuscule très-rare de 36 pages non chiffrées. A la fin on trouve le discours de Benvenuto Cenni (faute d'impression pour *Cellini*) sur le différend qui s'était élevé entre les peintres et les sculpteurs à l'occasion des funérailles de Michel-Ange.

V. une note intéressante à ce sujet, p. 382, t. III, dans l'édition qu'il a donnée des œuvres de Cellini.

313. MORENI (Domenico). Pompe funebri celebrate nell' Imp. Real Basilica di San Lorenzo, dal secolo XIII a tutto il regno Mediceo. *Firenze, Magheri*, 1827; in-8, d.-rel. c. de Russie.

Ce volume contient une description complète et détaillée des funérailles de Michel-Ange.

314. MORENI. Illustrazione storico-critica di una rarissima medaglia rappresentante Bindo Altoviti, opera di Michelangiolo Buonarroti. *Firenze, Magheri*, 1824; in-8, d.-rel. pl. gr.

315. CAMPANARI (Domenico). Ritratto di Vittoria Colonna, marchesana di Pescara, depinto di Michel'

Angelo Buonarroti (texte italien et traduction anglaise par Henrietta Bowles). *London, Rolandi,* 1850; in-fol. br. 30 pag.

Cette brochure renferme une grande lithographie reproduisant le portrait et trois planches de médailles représentant la marquise de Pescaire, et des *fac-simile* de l'écriture de Michel-Ange. L'auteur cherche à prouver que le tableau qu'il possède est une peinture à l'huile de Michel-Ange.

316. CAMPANARI (Dominique). Lettre à M. Adrien de Longpérier, conservateur des antiques au musée du Louvre. *Paris, Maulde et Renou,* 1853; in-8, br. de 24 pag. 7 grands tableaux généalogiques.

Cette lettre est écrite dans le but de démontrer qu'un portrait possédé par l'auteur représentait la célèbre Vittoria Colonna, et était une peinture à l'huile de Michel-Ange.

317. CAMPANARI (Domenico). Vittoria Colonna, peinture de M.-A. Buonarroti. *Londres, Brettell,* 1854; br. in-12 de 42 p. — *Du même.* Appendice all' opuscolo intitolato : Ritratto di Vittoria Colonna, dipinta da Michel-Angelo. Volta in inglese da Enrichetta Bowles. *Londra, Molini,* 1853; in-8, br. 43 pag. (*Texte et traduction.*)

Le portrait, qui fut l'objet d'une polémique violente de la part du possesseur, n'était pas de Michel-Ange, mais évidemment de Bronzino, sous le nom duquel il avait été vendu.

318. Vita, elogio e memorie dell' egregio pittore Pietro Perugini e degli scolari di esso (par Baldas. Orsini). *Perugia, stamperia Badueliana,* 1804; in-8, d.-rel. dos et coins vélin, avec un portrait gravé.

Excellent ouvrage sur le Pérugin et son école.

319. MEZZANOTTE (Antonio). Della vita e delle opere di Pietro Vannucci da Castello della Pieve cognominato il Perugino, commentario istorico. *Perugia, Bartelli,* 1836; in-8, d.-rel. v. f. portr.

Avec appendices, documents, etc., sur le Pérugin et son école.

320. GUERRINI (Vincenzo). Elogio storico di Gio-

vanni Santi, pittore e poeta, padre del gran Raffaello di Urbino. *Urbino*, 1822; in-8, d.-rel.

321. QUATREMÈRE DE QUINCY. Histoire de la vie
et des ouvrages de Raphaël. *Paris, de Rignoux,*
1824; in-8, br. portr.

322. QUATREMÈRE DE QUINCY. Istoria della vita
di Raffaello Sanzio, voltata in italiano, corretta,
illustrata ed ampliata per cura di Francesco Lon-
ghena. *Milano, Sonzogno,* 1829; avec 23 planches
gravées et un fac-simile, in-8, cart. toile.

323. PUNGILEONI (P. M. Luigi). Elogio storico di
Raffaello Santi da Urbino. *Urbino, Guerrini,* 1829;
in-8, fac-sim. d.-rel. v. br.

324. RUMOHR. Ueber Raphael und sein Verhaelt-
niss zu den Zeitgenossen. *Berlin und Stettin,*
1831; in-8, d.-rel. v. rouge, chiffr.

325. PASSAVANT. Rafael von Urbino und sein Va-
ter Giovanni Santi. *Leipzig, Brockhaus,* 1839;
2 vol. in-8, d.-rel. dos et coins mar. vert, chiffr.

326. BRETON (Ernest). Notice sur la vie et les ouvrages de Raphaël. *St-Germain-en-Laye,* 1863;
gr. in-8, br.— *The Cartoons* of Raphael exhibited
daily from ten till four, in the possession of
M. Louchmanoff. *London,* 185.; in-8. br. 28 p.
— *Peintures al sugo d'erba,* représentant des sujets composés par Raphaël pour les tapisseries de
la chapelle Sixtine. *Paris,* 1865; in-8, br. 23 p.

327. ODESCALCHI (Don Pietro). Istoria del ritro-
vamento delle spoglie mortali di Raffaello Sanzio
da Urbino, con appendice di varie notizie, 2° édit.
Roma, tipografia delle belle arti, 1836; in-8, d.-
rel. v. vert.

328. DESCRIZIONI delle Imagini dipinte da Raffaello d'Urbino nel Vaticano e di quelle della Far-
nesina di Gio. Piet. Bellori colla vita di Raffaello
scritta da Vasari, si aggiungono per opere di Mel-

chior Missirini la descrizione delle altre pitture di Raffaello poste al pubblico in Roma, e due dissertationi, una della supremazia di Raffaello, altra della vera effigie del medesimo; in fine la nota dissertazione del Bellori intorno le belle arti. *Roma, de Romanis,* 1821; pet. in-8, cart. portr. (*Volume recherché.*)

329. GRUGER. Essai sur les fresques de Raphaël au Vatican. *Paris, Gide,* 1858; in-8, d.-rel. v. bleu, chiff. une photographie.

330. CROZE-MAGNAN. Examen analytique du tableau de la Transfiguration de Raphaël, traduit de l'espagnol de M. Benito Pardo di Figueroa. *Paris, Debray, an XIII-* 1805; in-8, cart. 63 pag.

331. FRANCESCONI (Daniele D'). Autografo di Raffaello d'Urbino del Museo Borgiano con un commento. *Venezia, Palese,* 1800; xxiv pages. — CARASI (Il C'° Proposto Carlo). Le Pubbliche Pitture di Piacenza. *Piacenza, Tedeschi il Giorno XI* (1780); in-8, titre gravé. — En un vol. in-8, v. rac.

332. FRANCESCONI (l'abbate Daniele D'). Congettura che una lettera creduta di Baldessar Castiglione sia di Raffaello d'Urbino, discorso letto alla R. Academia Fiorentina. *Firenze, Brazzini,* 1799; in-8, d.-rel.
Exemplaire en papier fort.

333. CONSTANTIN (A.). Idées italiennes sur quelques tableaux. *Florence, Vieusseux,* 1840, grand in-8, pap. vél. une planche gravée, d.-rel. v. br.

334. NICOLLINI (Antonio). Sul Ritratto di Leone X dipinto da Raffaello di Urbino e sulla copia di Andrea del Sarto. *Napoli, Stamperia reale,* 1841; in-8, 52 pag. Exemplaire grand pap. vélin, d.-rel. mar. vert, 4 planches très-bien gravées. (*Avec envoi de l'auteur à M. Quatremère de Quincy. Extrait de la publication del R. Museo Borbonico.*) —

AQUINO (Antonio d'). Osservazioni sulla memoria del cav. Antonio Niccolini riguardante i due quadri di Leon X che esistono in Firenze ed in Napoli. *Napoli*, 1842 ; in-8, br. 28 p. (*Avec envoi de l'auteur à M. Quatremère de Quincy.*) — GARRIOD (Hector). De la Légitimité du portrait de Léon X attaquée dans le treizième vol. du Musée Bourbon, réponse à M. le commandeur Niccolini. *Florence*, 1842 ; in-8, br.

335. NICCOLINI (Felice). Di un cartone di Raffaello Sanzio custodito nel Museo reale Borbonico. *Napoli, Nobile*, 1859 ; in-8, gr. pap. vél. broch. avec une planche lithog. 24 p. (*Rare.*)

336. PUNGILEONI (P. Luigi). Memorie istoriche di Antonio Allegri detto il Corregio. *Parma, Stamperia ducale*, 1817 ; 3 vol. in-8, d.-rel. dos et coins mar. v. fleur. tr. dorée, fig. fac-simile. (*Capé.*)

Très-bel exemplaire.

337. BATTI (Carlo Giuseppe). Notizie storiche sincere intorno la vita e le opere del celebre pittore Antonio Allegri da Correggio. *Finale, de' Rossi*, 1781 ; d.-rel. v. f. avec un portrait gravé.

338. AFFO (Il Padre Ireneo). Ragionamento sopra una stanza dipinta dal celeberrimo Antonio Allegri da Correggio, nel monistero di S. Paolo in Parma. *Parma, Carmignani ;* in-8, de 79 p. br.

339. FABRIANI (l'abbate Severino). Lettera al padre Luigi Pungileoni sopra un autografo di Antonio Allegri, riguardante la famosa tavola della Notte. *Modena, Poliani*, 1833 ; gr. in-8 de 10 pag. avec fac-simile.

340. LEONI (il cav. prof. Michele). Pitture di Antonio Allegri da Correggio illustrate. *Modena, Vincenzi e Rossi*, 1841 ; in-8, broch. — *Madonna di Ant. Allegri della patria sua detto il Correggio*

(Estratto dal poligrafo, oct. 1830). In-8, 16 pag. broch.

341. NORTHCOTE (James). The Life of Titian, with anecdotes of the distinguished persons of his time. *London, Bentley*, 1830, 2 vol. in-8, cart. n. rogn. avec un beau portrait du Titien gravé.

Cet ouvrage (assez difficile à rencontrer), par un membre de l'académie de peinture de Londres, renferme un grand nombre de documents tirés de la correspondance de l'Arétin, etc.

342. HUME (A.). Notices of the life and works of Titian. *London, Rodwell and Colnaghi*, 1829; in-8, percal. verte, portr. gr.

343. ANGELIS (de). Notice sur le Titien. In-8, cart. 12 pages à 2 colon. (*Extrait de la Biographie universelle.*)

344. RIGOLLOT (le docteur). Essai sur le Giorgion. *Amiens, Duval et Herment*, 1852; in-8, br. 35 p. (*Extrait des mémoires de l'Académie d'Amiens.*)

345. BIADI (Luigi). Notizie inedite della vita d'Andrea del Sarto, raccolte da manoscritti e documenti autentici. *Firenze, tipografia Bonducciana*, 1829; in-16, d.-rel. v. f. avec un portrait. — Supplimento alle notizie inedite della vita d'Andrea del Sarto, pubblicate in Firenze nel 1830 (Ce supplément est rare). In-16 de 19 p. br.

346. REUMONT (Alfred). Andrea del Sarto, mit einem Grundriss des Vorhofs der Servitenkirche in Florenz. *Leipzig, Brockhaus*, 1835; in-16, d.-r. v. rouge, chiff.

Bon travail, qui rectifie plusieurs erreurs de Biadi.

347. AFFO (Ireneo). Vita del graziosissimo pittore Francesco Mazzola detto il Parmigianino. *Parma, Carmignani*, 1784; in-4, d.-rel. v. br.

Très-bel exemplaire d'un livre peu commun.

348. ROSSI (Gio. Gherardo de'). Vita di Antonio Cavallucci da Sermoneta, pittore. *Venezia*, 1796; pet. in-8, cart. portr. non rog.

349. BORDIGA (Gaudenzio). Notizie intorno alle opere di Gaudenzio Ferrari, pittore e plasticatore. *Milano, Pirotta,* 1821 ; gr. in-4, d.-rel. v. ant. portr. gr.

350. CALVI (J. Alessandro). Memorie della vita e delle opere di Francesco Raibolini, detto il Francia, pittore Bolognese, pubblicate dal cavaliere Luigi Salina. *Bologna, Lucchesini,* 1812 ; in-8, cart.

351. BRANDOLESE (Pietro). Testimonianze intorno alla Patavinità di Andrea Mantegna. *Padova, al seminario,* 1805 ; in-8, cart.

Opuscule de 19 pages. Rare.

352. DELLE · PITTURE di Fra Filippo Lippi nel coro della cattedrale di Prato e de' coro restauri, relazione compilata dal C.-F.-B. *Prato, Giachetti,* 1835, in-8, d.-rel. v. fauve, chif. avec un portrait et 4 planches. (*Capé.*)

Rare.

353. RANSONNET (Carlo). Sopra un dipinto di Alessandro Bonvicino soprannominato il Moretto di Brescia, concenni biografici intorno a questo artista, versione italiana con note. *Brescia, tipografia della Minerva,* 1845, pet. in-8, br. 47 pages.

L'ouvrage a été publié originairement en allemand.

354. VERMIGLIOLI (Gio.-Battista). Di Bernardino Pinturicchio, pittore perugino de' secoli xv, xvi, memorie. Con appendice di documenti in buona parte inediti e con illustrazioni nuove e copiose anche della vita e di qualche opera di Pietro Perugino, etc. *Perugia, Bartelli,* 1837 ; in-8, d.-rel. v. f. portr. gravé.

Excellent ouvrage.

355. MOSCHINI (G.-A.). Memorie della vita di Antonio de Solario detto il Zingaro. — *Firenze, all' insegna di Dante,* 1831 ; in-8 de 24 pages, d.-rel. v. f.

Avec une planche gravée, représentant un tableau de Solario.

356. BARUFFALDI (l'arciprete Girolamo). Vita di Ippolito Scarsella detto Scarsellino, pittore Ferrarese. *Bologna*, 1839; in-8, br. 53 pag.

357. PITTURE di Giulio Romano che si osservano eseguite a fresco nel reale palazzo del T, fuori di Mantova. *Mantova, Fratelli Negretti*, 1863, in-8 de 8 pag.

358. AMORINI (il march. Antonio Bolognini). Vite dei pittori ed artefici Bolognesi. *Bologna*, *alla Volpe*, 1843; in-8, br.

Comprend les biographies de Louis, d'Augustin, d'Annibal Carrache et de leurs élèves.

359. AMORINI (il marchese Antonio Bolognini). Vita del celebre pittore Guido Reni. *Bologna, tipi della Volpe al Sassi*, 1839. In-8, br. — *Du même :* Vita di Fr. Barbieri detto il Guercino. In-8, br. 29 pag. (2 exempl.) — *Du même :* Vita del celebre pittore Domenico Zampieri detto Dominichino. In-8, br. 38 pag. (2 ex.) — *Du même :* Vita del celebre pittore Fr. Albani.

360. AMORINI (il marchese Antonio Bolognini). Vita del celebre pittore Francesco Primaticcio. *Bologna*, 1838; in-8, br. 39 pag. portr. lithogr.

361. NOTIZIE del canonico Gio. Andrea Lazzarini di Pesaro , insigne pittore e letterato. *Firenze*, 1804; in-8, br.

On lit sur la couverture : *Dono di conte Marco Fantuzzi di Ràvenna.* Cette note indique sans doute le nom de l'auteur.

362. ZANELLI (Ippolito). Vita del gran pittore Cav. Carlo Cignani. *Bologna, Lelio della Volpe*, 1722; in-4, d.-rel. non rogné, portrait gravé.

Rare.

363. DESCRIZIONE de' cartoni disegnati da C. Cignani e de' quadri dipinti da Seb. Ricci posseduti dal signor Gius. Smith, console della Gran-Bretagna appresso la sereniss. repubblica di Venezia, con un Compendio delle vite dei due celebri professori. *Venezia, Pasquali,* 1749; in-4, bas. rac.

364. BALDINUCCI (Filippo). La Vita di Salvator Rosa, con varie aggiunte. *Venezia, Alvisopoli,* 1830; in-16, d.-rel. v. vert.

Gamba, bibliothécaire de la *Libreria di San Marco,* est l'éditeur de cette édition où il a réuni les lettres et les poésies du célèbre artiste.

365. VANNETTI (il cav. Clementino). Notizie intorno al pittore Gasparantonio Baroni Cavalcabò di Sacco. *Verona, per gli eredi di Marco Moroni,* 1781. — Lettera di Sua Ecc. Rev. monsign. Marco Zagari, vescovo di Ceneda al cav. Clementino Vannetti, e risposta del cav. Vannetti. *Vinegia, Coleti,* 1783. — Lettere due del sig. Clemente Baroni Cavalcabò e del sig. cav. Clementino Vannetti, sopra un passo di Virgilio (29 di maggio 1772). In-8, cart.

366. PICINARDI (Gio. Luigi). Il Pennello lagrimato, orazione funebre, con varie poesie in morte della signora Elisabetta Sirani, pittrice famosissima. *Bologna, Monti,* 1665; in-4, cart. non rogn.

Très-rare. Frontispice gravé où se trouve le portrait d'Elis. Sirani. On a joint à cet exemplaire un portrait d'*Elis. Sirani in atto di ritrarre il padre,* gravé par Martelli.

367. CANALE (Vincenzo da). Vita di Gregorio Lazzarini, pubblicata la prima volta nelle nozze da Nuela-Lavagnoli. *Vinegia, Palese,* 1809; in-8, cart. gr. papier, portrait.

On sait que les publications faites en Italie à l'occasion des mariages sont tirées à un très-petit nombre d'exemplaires. Cette notice, du reste, est intéressante.

368. BARTOLOZZI (Seb. Benedetto). Vita di Jacopo Vignali, pittore fiorentino. *Firenze, eredi Paperini,* 1753; in-4, br. 31 pag. portr. gravé.

Rare.

369. ROSALBA CARRIERA. Diario degli anni 1720 et 1721, scritto di propria mano in Parigi, posseduto, illustrato et pubblicato dal sig. D. Giov. Dr Vianelli. *Venezia, Coleti,* 1793; in-4, cart.

Livre intéressant et rare.

370. BERMUDEZ (D. Juan Augustin Cean). Diccio-
nario historico de los mas ilustres professores de
las bellas artes en España, publicado por la real
academia de S.-Fernando. *Madrid, la vidua de
Ibarra*, 1800; 6 vol. in-12, non rogné, tête dor.
d.-rel. dos et coins mar. cerise. (*Capé.*)
Charmant exemplaire de cet excellent ouvrage.

371. LE ARTI ITALIANI in Ispagna, ossia storia di
quanto gli artisti italiani contribuirono ad abbel-
lire le Castiglie. *Roma, Ajani*, 1825; in-4, br.

372. VELASCO (Ant. Palomno). Histoire abrégée
des plus fameux peintres, sculpteurs et architectes espagnols. *Paris, Delaguette*, 1789; in-12,
bas.

373. STIRLING (William). Annals of the artists in
Spain. *London, Ollivier*, 1848; 3 vol. in-8, fig. et
portraits, cart. en toile, non rogn.

374. STIRLING (William). Velasquez and his works.
London, Parker, 1855; in-12, percal. angl.

375. LIFE of Bartolome E. Murillo, compiled from
the writings of various authors, translated by Edw.
Davies. *London, Bensley*, 1819; pet. in-8, cart.
non rogn.

376. PASSAVANT (J.-D.). Die Christliche Kunst in
Spanien. *Leipzig, R. Weigel*, 1853; in-8, broch.
Envoi autographe de l'auteur.

377. MARTIN (C.). Notice sur le grand tableau du
Jugement universel, chef-d'œuvre de Fr. Pacheco,
peintre espagnol, de l'école de Séville. *Paris*,
1862; broch. in-8.

378. MATHERON (Laurent). Goya. *Paris, Schulz et
Thuillié*, 1858; in-12, d.-rel. dos et coins mar.
vert, chiff.

Cette bonne étude biographique, dédiée à Eug. Delacroix, est devenue
assez rare.

379. RACZYNSKI (le Cte A.). Les Arts en Portugal. *Paris, Renouard*, 1846; in-8, planches, d.-rel. chagr. viol.

380. MUSÉE espagnol. Biographies. *Paris, s. d.*; 4 livraisons in-8, portr. et fig.

381. VIARDOT (Louis). Notice sur les principaux peintres de l'Espagne. Ouvrage servant de texte aux gravures de la galerie Aguado. *Paris, Gavard*, 1839; in-8, br.

C. Peintres anglais.

382. BUCHANAN (W.). Memoirs of painting, with a chronological history of the importation of pictures by the great masters into England, since the french Revolution. *London, Ackermann*, 1824; 2 vol. in-8, veau f. (*Rel. angl.*)

383. DALLAWAY (James). Anecdotes of the arts in England, or comparative observations on architecture, sculpture and painting. *London, Cadell and Davies*, 1800; in-8, gr. pap. tiré in-4, v. jaspé.
Très-bel exemplaire.

384. EDWARDS (Edwards). Anecdotes of painters who have resided or been borne in England, with critical remarks on their productions, intended as a continuation to the anecdotes of painting, by the late H. Earl of Oxford. *London, Kandsard and sons*, 1808; in-4, cart.
Très-bel exemplaire gr. pap. vél. n. rogné.

385. WALPOLE (Horace). Anecdotes of painting in England, with some account of the principal artists, and incidental notes another arts, collected by G. Vertue, and published from his original mss. *London, Dodsley*, 1786; 3 vol. pet. in 8, veau.

386. WILLIAMS (D.-E.). The Life and correspondence of sir Thomas Lawrence. *London, Col-*

burne, 1831; 2 vol. in-8, percaline, 3 portraits gravés, non rogné.

D. Peintres des Pays-Bas.

387. CROWE (J.-A.) et Calvacaselle (G.-B.). The early flemish painters, notices of their lives and works. *London, Murray*, 1857; pet. in-8, fig. cart. en toile, non rogn.

388. CROWE ET CALVACASÉLLE. Les Anciens Peintres flamands, leurs œuvres, trad. de l'anglais par O. Delepierre, annoté et augmenté par A. Pinchart et Ch. Ruelens. *Bruxelles et Paris*, 1862-63, 2 vol. in-8, fig. broch. — Complément du t. II. *Bruxelles*, 1865; in-8, br.

389. HERIS. Histoire de l'école flamande de peinture du xve siècle, son point de départ, les causes de sa splendeur et de sa décadence. *Bruxelles*, *Hayez*, 1856, in-4, d.-rel. veau bl. aux chiff.

390. DESCAMPS (J.-B.). La Vie des peintres flamands et hollandais. *Paris, Jombert*, 1753-1769, 5 vol. in-8, veau rac.

Très-bel exemplaire, et magnifiques épreuves des portraits gravés par Fiquet et autres.

391. WAAGEN (G.-F.). Manuel de l'histoire de la peinture, écoles allemande, flamande et hollandaise, trad. par Hymans et J. Petit. *Bruxelles*, *Mucquardt*, 1863, 3 vol. in-12, fig. broch.

392. BALKEMA (G.-H.). Biographie des peintres flamands et hollandais, depuis J. et H. Van Eyck jusqu'à nos jours. *Gand, Hoste*, 1844; in-8, d.-rel. dos et coins v. vert chiff.

393. RÉSUMÉ de la vie des plus grands peintres de l'école flamande et hollandaise. *Bruxelles*, 1841; in-18, fig. et 5 pl. de monogrammes, cart.

394. MICHIELS (Alfred). Histoire de la peinture fla-

mande et hollandaise. *Bruxelles*, *Vandale*, 1845-
48; 4 vol. in-8, d.-rel. chagr. vert.

Plus le Complément. *Bruxelles, 1849,* broch. in-8.

395. BUSSCHER (Edmond de). Recherches sur les
peintres gantois des xIVᵉ et xvᵉ siècles. *Gand*,
1859; in-8, fig. broch.

396. ANNALES de l'Acad. d'archéologie de Belgique, tome VI, 1 à 3. *Anvers*, 1849, in-8, fig.
broch.

Contient : Recherches sur trois peintres flamands du xvᵉ et xvɪᵉ siècle, par
A. van Hasselt (Roger van der Weyden, de Bruges ; Roger van der Weyden,
de Bruxelles ; Goswin van der Weyden.)

397. WAUTERS (Alphonse). Roger Vanderweyden,
ses œuvres, ses élèves et ses descendants. *Bruxelles*, 1856; in-8, broch.

398. WAUTERS (Alphonse). Notice sur Roger Van
der Weyden, peintre belge du xvᵉ siècle. *Gand*,
1846; broch. in-8.

399. WAAGEN (Gust. Friedr.) Ueber Hubert und
Johann van Eyck. *Breslau*, 1822, pet. in-8, cart.

400. SCHOPENHAUER (Johanna). Johannd Van
Eyck und seine Nachfolger. *Frankfurt*, 1822; 2
part. en 1 vol. pet. in-8, d.-rel. veau bl. dos orné
aux chiffr. (*Capé.*)

401. BAST (L. de). Notice sur le chef-d'œuvre des
frères Van Eyck, avec des notes inédites sur la
vie et les ouvrages de ces célèbres peintres. *Gand,*
1825; in-8, fig. broch.

402. CARTON (l'abbé C.). Les trois frères Van Eyck.
Jean Hemling. Notes sur ces artistes. *Bruges,*
1848; in-8, broch.

403. TAILLANDIER (A.). Notice sur un tableau attribué à Jean Van Eyck, qui se voit dans la prin-
cipale salle de la cour royale de Paris. *Paris,*
1844; in-8, 1 pl. br. (*Envoi autogr. de l'auteur.*)

404. KEVERBERG (baron de). Ursula, princesse
britannique, d'après la légende et les peintures

d'Hemling. *Gand,* 1818 ; in-8, portr., dem.-rel.
veau f.

405. GRIMBERGEN (Victor van). Historische Le-
vensbeschryving von P. P. Rubens. (Vie de Rubens et liste de ses tableaux.) *Rotterdam,* 1840;
in-8, broch.

406. MICHIELS(Alfred). Rubens et l'école d'Anvers.
Paris, Delahaye, 1854 ; in-8, d.-rel. veau rouge,
dos orné aux chiffr.

407. REIFFENBERG (baron de). Recherches sur la
famille de Rubens. *Bruxelles,* 1830. — Nouvelles
Recherches sur P.-P. Rubens. *Bruxelles,* 1835 ;
2 broch. in-4.

408. MORTIER (B.-C. du). Recherches sur le lieu
de naissance de P.-P. Rubens. *Bruxelles,* 1861. —
Nouvelles Recherches, etc. *Bruxelles,* 1862. —
(Bakhuizen van den Brink). Les Rubens à Siegen,
réponse à M. du Mortier. *La Haye,* 1861 ; 3 broch.
in-8.

409. SAINSBURY (Noël). Original unpublished pa-
pers illustrative of the life of sir P.-P. Rubens,
as an artist and a diplomatist. *London,* 1859;
in-8, fig. cart. en toile non rogn.

410. RAUMER (Friedr. von). Historisches Taschen-
buch. *Leipzig, Brockhaus,* 1833; in-12, portr.
dem.-rel. veau rouge, dos orné aux chiffr. (*Capé.*)
Contient une biographie de Rubens, par G.-F. Waagen.

411. CATALOGUE de la plus précieuse collection
d'estampes de P.-P. Rubens et d'A. van Dyck qui
ait jamais existé, le tout recueilli par M. Del-Mar-
mol. (*Bruxelles*), 1794 ; in-8, portr., d.-rel. mar.
rouge aux chiffr.

412. BASAN (F.). Catalogue des estampes gravées
d'après P.-P. Rubens (œuvre de Joerdans. —
OEuvre de Corneille Visscher). *Paris,* 1767; in-12,
v. br.
Exemplaire de Naudet, marchand d'estampes, avec quelques notices de sa
main.

413. BOUSSARD(J.-F.). Les leçons de P.-P. Rubens, ou Fragments épistolaires sur la religion, la peinture et la politique. *Bruxelles, Lejeune,* 1838; in-8, fig., d.-rel. veau bl.

414. BOUSSARD (J.-F.). Les Voyages pittoresques et politiques de P.-P. Rubens, depuis 1600 jusqu'en 1633. *Bruxelles,* 1840; in-18, portr. broch.

415. CARPENTER (Will. Hookham). Pictorial notices, consisting of a memoir of sir Ant. van Dyck, with a descriptive catalogue of the etchings executed by him. *London, J. Carpenter,* 1844; gr. in-4, portr., cart. en toile non rogn.

416. CARPENTER (William Hookham). Mémoires et documents inédits sur Antoine Van Dyck, P.-P. Rubens et autres artistes contemporains, publiés d'après les pièces originales des archives royales d'Angleterre, des collections publiques, etc., traduit de l'anglais par Louis Hymans. *Anvers, J.-E. Buschmann,* 1845; gr. in-8, dos et coins mar. gren. chiffr. fleur. portr. fac-simile. (*Capé.*)

417. RATHGEBER (Georg). Annalen der niederländischen Malerei, Formschneide- und Kupferstecherkunst. *Gotha, Müller,* 1844; in-fol., d.-rel. dor. et coins mar. v. (*Capé.*)

Ce volume, divisé en 5 parties, comprend les périodes suivantes : 1° Des frères van Eyck à Albrecht Durer. 2° D'Albert Durer jusqu'à la mort de Frans Floris. 3° De la mort de Frans Floris au départ de Rubens pour l'Italie. 4° Du départ de Rubens à sa mort. 5° De la mort de Rubens jusqu'à celle de Rembrandt.

Cet ouvrage renferme une foule de documents précieux.

418. WEYERMAN (Jac. Campo). De Levensbeschryvingen der nederlandsche konstschilders (Vie des peintres néerlandais). *La Haye,* 1729-1769; 4 vol. pet. in-4, grand nombre de portraits par Houbraken, vél. cordé.

Le 4° volume, qui ne contient que quelques vignettes par Fokke, manque à beaucoup d'exemplaires.

419. GOOL (Joh. van). Die nieuwe Schouburg der nederlandsche Kunstschilders. (Nouveau Théâtre des peintres néerlandais). *La Haye*, 1750-51, 2 vol. in-8, grand nombre de portraits par Houbraken, Tanjé et autres, cart.

420. SCHELTEMA (P.). Rembrandt. (Vie et mérites de Rembrandt van Rijn). *Amsterdam*, 1853; in-8, portr., cart. non rogn.

On a ajouté : Levens schets van Rembrandt (Vie de R., par N. Peijpers). *Amsterdam*, 1852, broch. in-8.

421. COQUEREL fils (Ath.). Rembrandt et l'individualisme dans l'art. *Paris*, 1869; in-12, broch.

422. WESTRHEENE (T. van). Jan Steen, étude sur l'art en Hollande. *La Haye, Nyhoff*, 1856; in-8, portr., d.-rel. mar. rouge aux chiffr.

423. WESTRHEENE (T. van). Paulus Potter, sa vie et ses œuvres. *La Haye, Nyhoff*, 1867, in-8, br.

E. Peintres allemands, croates, suédois.

424. FIORILLO (J. D.). Geschichte der Mahlerey. *Göttingen*, 1798-1808, 5 vol. in-8, cart.

425. FIORILLO (J. D.). Geschichte der zeichnenden Künste in Deutschland und den vereinigten Niederlanden. *Hannover*, 1815-20, 4 vol. in-8, cart.

426. RACZYNSKI (A.). Dictionnaire d'artistes pour servir à l'histoire de l'art moderne en Allemagne. *Berlin*, 1842; in-8, broch.

427. FORTOUL (Hippolyte). De l'Art en Allemagne. *Paris, Labitte*, 1842; 2 vol. in-8, dem.-rel. mar. rouge non rogn. tête dor.

428. WAAGEN (G. F.). Kunstwerke und Künstler in Deutschland. (Ouvrages d'art et artistes en Allemagne.) *Leipzig, Brockhaus*, 1843-45; 2 part. en 1 vol. in-12, d.-rel. veau rouge, dos orné aux chiffr. (*Capé.*)

429. MICHIELS (Alfred). Études sur l'Allemagne, renfermant une histoire de la peinture allemande. *Paris, Coquebert*, 1840, 2 vol. in-8, broch.

430. SWERTS (J.) et GUFFENS (G.). Souvenirs
d'un voyage artistique en Allemagne. *Anvers*,
1858; in-18, br.

431. RETTBERG (R. von). Nürnberg's Kunstleben
in seinen Denkmalen dargestellt. *Stuttgart*, 1854;
in-8, fig. cart. n. rogn.

432. MERLO (Joh. Jac.). Nachrichten von dem Leben und den Werken Kölnischer Künstler. *Cöln,
Heberle*, 1850; gr. in-8, 3 pl. de monogrammes,
d.-rel. mar. brun, dos orné aux chiffr. (*Capé*.)

433. MERLO (J. J.). Die Meister der altkölnischen
Malerschule, urkundliche Mittheilungen. *Köln,
Heberle*, 1852; in-8, fig., d.-rel. maroq. bleu aux
chiffr.

434. WEISE (Adam). Albrecht Dürer und sein Zeit-
alter. *Leipzig*, 1819; in-4, portr., broch.

435. HERRBERGER (Theod.). Conrad Peutinger in
seinem Verhältnisse zum Kaiser Maximilian I.
Augsburg, 1851; portr., broch. in-4.

436. C. E. R. Historisch-kritische Abhandlung über
das Leben und die Kunstwerke von Lucas Cranach. *Hamburg*, 1761; in-8, portr., cart.

437. HELLER (Jos.). Lucas Cranach's Leben und
Werke. (Vie et œuvres de L. Cranach). *Nürnberg*,
1854; in-8, portr., cart. en toile non rogn.

On a ajouté : Hagen, Ueber eine Composition : Gesetz und Gnade von
L. Cranach. *Kœnigsberg*, 1853, broch. in-8.

438. RUMOHR (C. Fr. von). Hans Holbein der
Jüngere in seinem Verhältnisse zum deutschen
Formschnittwesen. *Leipzig, R Weigel*, 1836;
in-8, d.-rel. veau bl. aux chiffr. (*Capé*.)

439. PARTHEY (Gust.). Wenzel Hollar. Beschrei-
bendes Verzeichniss seiner Kupferstiche. *Berlin*,
1853; in-8, d.-rel. mar. bleu aux chiffr.

440. SAKCIUSKI (Ivan Kukuljević). Leben des G.
Julius Clovio (miniatore croata), ein Beitrag zur

slawischen Kunstgeschichte aus dem Ilirischen übersetzt von M. P. *Agram, Suppan,* 1852; in-8, br. jolies grav.

A la fin, un catalogue des ouvrages de Clovio.

441. VILLOT (Frédéric). Hall, célèbre miniaturiste du xviiie siècle, sa vie, ses œuvres, sa correspondance. Observations sur la technique de la miniature en France et en Angleterre. *Paris, Jouaust,* 1867; in-8, br. papier de Chine. n. rogn.

On ne possédait aucun renseignement biographique sur ce prince des miniaturistes, lorsqu'une circonstance heureuse permit à l'auteur de consulter tous les papiers de famille conservés religieusement par sa petite-fille.

L'ouvrage a été tiré à 120 exemplaires sur papier vergé et à 10 seulement sur papier de Chine.

F. Peintres français.

442. ARCHIVES de l'art français, recueil de documents inédits relatifs à l'histoire des arts en France, publ. sous la direction de Ph. de Chennevières et A. de Montaiglon. (Avec l'ABCdaire de Mariette). *Paris, Dumoulin,* 1851-60; 12 vol. in-8, d.-rel. veau f. non rogn. — Seconde série. *Paris, Tross,* 1861-66; 2 vol. in-8, en livraisons.

443. DUMESNIL (J.). Histoire des plus célèbres amateurs français, et leurs relations avec les artistes. Pierre-Jean-Mariette. *Paris, Dentu,* 1856; in-8, br.

444. NÉCROLOGE (le) des hommes célèbres de la France, par une société de gens de lettres, années 1764-78. *Maestricht, Dufour,* 1775-78; 7 vol. in-12, bas.

445. NÉCROLOGE (le) des hommes célèbres de la France, par une société de gens de lettres. *Paris, Moreau,* 1767; 2 part. en 1 vol. in-12; maroq. rouge. fil. tr. dor. (*Anc. rel. aux armes.*)

Éloge de Carle Vanloo, de M. Arved, etc.

446. MAHUL (A.). Annuaire nécrologique, 3e année. *Paris, Ponthieu,* 1823; in-8, portr. broch.

447. MÉMOIRES inédits sur la vie et les ouvrages des membres de l'Académie royale de peinture et de sculpture, publ. d'après les manuscrits de l'École imp. des beaux-arts, par L. Dussieux, E. Soulié, Ph. de Chennevières, P. Mantz, A. de Montaiglon. *Paris, Dumoulin,* 1854; 2 vol. in-8, dem.-rel. veau vert aux chiffr.

448. MÉMOIRES de l'Académie des sciences, arts et belles-lettres de Dijon. Année 1833. *Dijon, Frantin,* 1833; in-8. fig. d.-rel. mar. vert aux chiffr.

449. PUBLICATION des séances et travaux de l'Académie de Reims, *Reims,* 1844-45; 2 tomes en 1 vol. in-8, fig. d.-rel. veau viol.

Biographies de Nanteuil, Deperthes, L. Périn (habile peintre miniaturiste du dix-huitième siècle).

450. BIOGRAPHIE toulousaine, par une société de gens de lettres. *Paris, Michaud,* 1823; 2 vol. in-8, broch.

451. DUSSIEUX (L.). Les Artistes français à l'étranger; recherches sur leurs travaux et sur leur influence en Europe. *Paris, Gide,* 1856; gr. in-8, d.-rel. veau f. aux chiffr.

452. DUSSIEUX (L.). Les Artistes français à l'étranger. *Paris, Didron,* 1852; in-12, broch.

453. POINTEL (Ph. de). Recherches sur la vie et les ouvrages de quelques peintres provinciaux de l'ancienne France. *Paris, Dumoulin,* 1847-62; 4 vol. in-8, fig., vol. I-III d.-rel. mar. vert, dos orné aux chiffr., vol. IV broch.

454. MEAUME (E.). Recherches sur quelques artistes lorrains (Claude Henriet, Israël Henriet, Israël Silvestre et ses descendants). *Nancy,* 1852; in-8, broch.

455. LA FORGE (Anatole de). La Peinture contemporaine en France. *Paris, Amyot,* 1856; in-8, br.

456. HISTOIRE de l'art en France. *Paris, Sartorius*, s. d., in-8, br.

457. BLANC (Charles). Histoire des peintres français au xixe siècle. Tome premier. *Paris, 1845*; in-8, d.-rel. mar. viol. aux chiffr.

458. RAPPORT de l'Institut sur l'état des beaux-arts en France. *Mars, 1808*; in-4, broch.

459. ALMANACH historique et raisonné des architectes, peintres, sculpteurs, graveurs et ciseleurs. *Paris, Duchesne, 1777*; in-12, d.-rel.

460. GUYOT DE FÈRE. Statistique des beaux-arts en France. *Paris, 1835*; in-8, d.-rel. veau f. aux chiffr. (*Capé.*)

461. LACROIX (Paul). Annuaire des artistes et des amateurs. *Paris, Renouard, 1860-62*; 3 vol. in-8, fig. broch.

462. CHESNEAU (Ernest). La Peinture française au xixe siècle. Les chefs d'école David, Gros, Gericault, Decamps, Meissonier, Ingres, H. Flandrin, E. Delacroix. *Paris, Didier, 1862*; in-12, broch.

463. GAULT DE SAINT-GERMAIN. Vie de Nicolas Poussin, considéré comme chef de l'école française. *Paris, Didot, 1806*; gr. in-8, pap. de Hollande, 35 planches, broch.

464. BOUCHITTÉ (H.). Le Poussin, sa vie et son œuvre. *Paris, Didier, 1858*; in-8, br.

465. GANDAR (E.). Les Andelys et N. Poussin. *Paris, Renouard, 1860*; in-8, fig. broch.

466. COLLECTION de lettres de N. Poussin. *Paris, Didot, 1824*; in-8, d.-rel. — Essai sur la vie et sur les tableaux du Poussin, par Cambry. *Paris, an VII.* — Mémoires sur la vie de N. Poussin, par Maria Graham. *Paris, 1821*; in-8, fig. d.-rel. — Discours sur N. Poussin, par Raoul-Rochette. *Paris, 1843*; broch. in-8.

467. BIOGRAPHIES et notices sur des peintres célèbres. 7 broch. in-8.

Éloge historique de Claude Gelée, dit le Lorrain, par Voïart. *Nancy*, 1839. — Lettre de X. Scrofani sur un paysage de Claude Lorrain. *Naples*, 1812. — Recherches sur Eustache Le Sueur, par L. Dussieux, avec un catalogue des dessins de Le Sueur, par A. de Montaiglon. *Paris*, 1852. — Éloge de N. Poussin, par N. Guibal. *Paris*, 1783. — Eloge de N. Poussin, par N. Ruault. *Paris*, 1809. — Inauguration de la statue de Poussin, par P. de Chennevières. — Précis historique de la vie de la citoyenne Le Brun, peintre. *Paris*, 1794.

N. B. Cette dernière pièce est fort curieuse et très-rare.

468. NOTICES sur des peintres et sculpteurs célèbres. 9 broch. in-4 et in-8.

Simon Julien, par Bronze. *Toulon*, 1862. — Bruandet, par Asselineau. *Paris*, 1855. — Girardon, par Corrard de Breban. *Troyes*, 1850. — Girodet, par Coupin, 1825.—Girodet, notice sur sa vie et ses ouvrages.—Notice sur Vien, 1809. — Puget, par Eug. Delacroix. — Notice sur Denon, par A. Coupin. *Paris*, 1825. — Catal. des estampes gravées par Denon. *Paris*, 1803.

469. HELLIS. Découverte du portrait de P. Corneille, peint par Ch. Lebrun. *Rouen*, 1848; 4 portr. — Notice historique et critique sur Boulanger de Boisfremont, par le même. *Rouen*, 1838; 3 planches. — Wint (Paul de). Essais historiques et archéographiques sur la peinture flamande. *Paris, Didron*, 1847. — Grille (F.). Lettre à M. Darreste sur le Louvre, la Bibliothèque et l'Opéra. *Paris, Techener*, 1847; 1 vol. in-8, d.-rel. veau fauve.

470. MONVILLE (Abbé de). La Vie de Pierre Mignard, premier peintre du roy. *Paris, Boudot,* 1730; in-12, portr. v. br.

471. (POITEVIN) Notice historique sur Sébastien Bourdon. *Montpellier*, 1812; in-4, portr. broch. (*Exempl. en grand papier*). — Adger (Xavier). Considérations.... sur la vie et les ouvrages de S. Bourdon. *Paris*, 1818; in-8, portr. broch.

472. LEROY (F.-N.). Histoire de Jouvenet. *Paris et Rouen*, 1860; in-8, br.

473. LANGLOIS (E.-Hyac.). Souvenirs de l'école de Mars et de 1794. *Rouen*, 1836 (gravure à l'eau-forte). — Jean Jouvenet et sa maison natale.

Rouen, 1836; portr. et fig. (entièrement lithographié). — Prix relatifs à Jouvenet. *Rouen,* 1836; 1 vol. in-8, d.-rel. veau bl.

474. DANDRÉ-BARDON. Vie de Carle Vanloo. *Paris, Desaint,* 1765. — Vie de Jean-Bapt. Vanloo, par le même. *Paris, Cellot,* 1779. — Vie d'Edme Bouchardon (avec la liste de ses ouvrages). — Éloge historique de M. Coustou. *Paris, Huart,* 1737; et autres biographies en 1 vol. in-12, dem.-rel.

475. GONCOURT (Edmond et Jules de). L'Art du xviiie siècle: Boucher, Chardin, Fragonard, Debucourt, La Tour, Gravelot et Cochin. *Paris, Dentu,* 1862-68; 6 cahiers in-4, eaux-fortes, broch.

Imprimé par L. Perrin, à Lyon, et tiré à 200 exemplaires.

476. VIGÉE-LEBRUN (Mme Louise-Elisabeth). Souvenirs. *Paris, Fournier,* 1835-37; 3 vol. in-8, d.-rel. mar. vert.

Édition originale, rare.

477. GREUZE, sa vie et son œuvre, sa statue, le musée Greuze. *Paris,* 1868; gr. in-8, fig. br.

XXXVIIe année de *l'Artiste.*

478. DRÉOLLE DE NODON (Ern.). Éloge historique de M. Quentin de la Tour, peintre du roi Louis XV. *Paris, Amyot,* 1856; in-8, portr. br.

479. CHAVIGNERIE (Emile-B. de la). Recherches historiques, biographiques et littéraires sur le peintre Lantara. *Paris, Dumoulin,* 1852; in-8, d.-rel. veau bl.

480. DELACROIX (E.). Peintres et sculpteurs modernes. Gros. *Paris,* 1848; broch. in-8. (*Extrait de la Revue des Deux-Mondes.*)

481. DELESTRE (J.-B.). Gros et ses ouvrages, ou Mémoires historiques sur la vie et les travaux de ce célèbre artiste. *Paris, J. Labitte, s. d.;* in-8, d.-rel. m. rouge. chiffr.

Première édition.

482. DELESTRE (J.-B.). Gros, sa vie et ses ouvrages *Paris, Renouard*, 1867 ; gr. in-8, fig. broch.

Deuxième édition, entièrement refondue.

483. LETTRES à David sur le salon de 1819, par quelques élèves de son école. *Paris, Pillet*, 1819; in-8, 20 pl. d.-rel.

484. (DAVID). Description du tableau exposé au musée Napoléon, représ. le couronnement de leurs Majestés. *Paris*, 1808. — Examen du tableau des Horaces, par A. Péron. *Paris*, 1839 ; 4 planches. 2 broch. in-8.

485. (DAVID). Vie de David. *Bruxelles*, 1826 ; in-18, portr. d.-rel. — Examen du tableau des Horaces, par A. Péron. *Paris*, 1839; broch. in-8, 4 pl. — Notice sur le Marat de Louis David, suivie de la liste de ses tableaux, dressée par lui-même. *Paris, Jouaust,* 1867; in-32, broch.

486. LAGRANGE (Léon). Les Vernet. Joseph Vernet et la peinture au xviiie siècle. *Paris, Didier,* 1864; in-12, broch. —Joseph Vernet, sa vie, sa famille, son siècle, d'après des documents inédits, par L. Lagrange. *Bruxelles,* 1858 ; in-8, broch.

487. NOTICES sur J.-L. David. 6 vol. et brochures, in-8.

Le tableau des Sabines. *Paris, Didot, an VIII,* 17 pages. — Sur le tableau des Sabines, 46 pages. — Notice sur David. *Paris,* 1827, 12 pages à 2 col. — Essai sur David, par Coupin. *Paris,* 1827. — Examen du tableau des Horaces, par A. Péron. *Paris,* 1839. — Mémoires de David, par Miette de Villars. *Paris,* 1850.

488. VERNET. Joseph, Carle et Horace Vernet; correspondance et biographies, par A. Durande. *Paris, Hetzel,* 1863 ; in-12. — Fac-simile des tableaux exposés au salon de 1839, par H. Vernet (Siége de Constantine). Broch. in-8, fig. — Catalogue de l'œuvre lithographique de M. H. Vernet. *Paris,* 1826; broch. in-8.

489. DELÉCLUZE (E.-J.). Notice sur la vie et les ouvrages de Léopold Robert. *Paris,* 1838; in-8,

portr. et 4 planches, demi-rel. mar. vert, aux
chiffr.

490. MOREAU (Ad.). Decamps et son œuvre, avec
des gravures en fac-simile des planches originales
les plus rares. *Paris, Jouaust,* 1869; gr. in-8,
portr. et fig. broch.

491. DE LA COMBE. Charlet, sa vie, ses lettres,
suivi d'une description raisonnée de son œuvre
lithographique. *Paris, Paulin,* 1856; in-8, portr.
d.-rel. veau rouge, dos orné aux chiffr.

492. BRY (Auguste). Raffet, sa vie et ses œuvres,
avec 2 portr. de R., deux eaux-fortes inédites et
4 fac-simile. *Paris, Dentu,* 1861 ; in-8, broch.

493. NOTICES sur Fr. Gérard et Granet. 5 broch.
in-8.

Sur l'entrée de Henri IV, 2 pièces. — Sacre de Charles X. *Paris,* 1829.
Panthéon artistique. Vie de Gérard. *Paris,* 1843, portrait. — Notice sur
Granet, par P. Lilbert. *Aix,* 1862.

494. CHENEVIÈRES (Ph. de). Portraits inédits d'artistes français, lithographies et gravures par F.
Legrip. *Paris, s. d.;* 2 cah. in-fol. broch.

495. NOTICES sur la vie d'artistes célèbres. 7 brochures.

Vie de Carle Vanloo. *Paris,* 1765. — Sur Germain Pilon, sculpteur du
roi, par le baron J. Pichon. — Notice sur F. Doyen, par C. Lecarpentier.
Rouen, 1809. — Moïse Valentin (extrait). — Notice sur J.-S. Duplessis, par
Lauzan. *Paris,* 1818. — Notice sur les Tardieu, les Cochin et les Belle, par
A. Tardieu. *Paris,* 1855.

496. BIOGRAPHIES et notices sur des peintres célèbres. 7 pièces in-8 et in-12.

Oraison funèbre d'A.-E. Michallon, par Vanier. *Paris,* 1822. — Notice
sur P.-P. Prudhon, par Voïart. *Paris, Didot,* 1824. — Notice sur Biard,
par L. Boivin. *Paris,* 1842. — 3 pièces sur Ingres. — Melchior Wyrsch et
les peintres bisontins, par F. Wey. *Besançon,* 1861.

497. CELLIER (L.). La famille de Poujol. *Valenciennes,* 1862; in-12, broch. (Tiré à 120 exempl.)

498. ZOLA (Émile). Ed. Manet, étude biographique
et critique. *Paris,* 1867; in-8, portr. et eau-forte,
broch.

V. SCULPTURE.

1. *Sculpture antique.*— *Vases.* — *Pierres gravées.*—
Monnaies.

499. RAOUL-ROCHETTE. Lettre à M. Schorn, supplément du catalogue des artistes de l'antiquité
grecque et romaine. *Paris, Crapelet,* 1845; in-8,
broch.

500. LANZI (Luigi). Notizie della scultura degli antichi e dei varii suoi stili. *Poligrafia Fiesolana,*
1824; in-8, 20 planches, d.-rel. mar. vert aux
chiffr.

501. EMERIC DAVID. Histoire de la Sculpture
antique, précédée d'une notice sur la vie et les
ouvrages de l'auteur, par le baron Walckenaer,
publiée pour la première fois, par P. Lacroix.
Paris, Charpentier, 1853; in-16, d.-rel. m. v.

502. RECUÉIL de fragmens de sculpture antique
en terre cuite. *Paris, Treuttel et Wirtz,* 1814;
in-4, 37 planches et portrait de Seroux d'Agin-
court, cart.

503. LANZI (L.) De' Vasi antichi dipinti volgarmente
chiamati etruschi, dissertazioni tre (*Napoli,* 1801);
in-8, 3 planches broch.

504. GARGIULO (Raf.). Cenni sulla maniera di rin-
venire i vasi fittili italo-greci, sulla loro costru-
zione, sulle loro fabriche, etc. *Napoli, Stamperia
reale,* 1831; in-4, 10 pl. broch.

505. SUJETS de vases grecs, avec leurs inscriptions, tirés de la collection du chev. Ha-
milton. *Paris, Huët, s. d.,* in-fol. obl. 72 pl.,
cart.

506. DESCRIPTION des antiquités et objets d'art
du cabinet du chev. Durand. *Paris,* 1836; in-8,
5 pl. broch.

507. MILLIN. Descriptions de trois peintures inédites de vases grecs du musée de Portici. *S. l.
n. d.*, in-4, 3 planches, cart. non rogn.

Les planches représentent des sujets libres, et l'interprétation qu'en donne
le savant antiquaire est des plus étranges.

508. ALDINI (Gios.-Ant.). Instituzioni glitografiche,
o sia della maniera di conoscere la qualità e natura delle gemme incise. *Cesena, Biasini,* 1785.
— Osservazioni sulle gemme incise, pubblicate
du G.-A. Aldini. *Milano, Pogliani,* 1786; 2 vol. en
un in-8, d.-rel. vél.

509. GIULIANELLI (A.-P.). Memorie degli intagliatori moderni in pietre dure, cammei e gioje
del secolo XV fino al secolo XVIII. *Livorno, Fan-
techi,* 1753, in-4, vél.

510. TASSIE (Jacques). Catalogue raisonné d'une
collection générale de pierres gravées antiques
et modernes, tirées des cabinets les plus célèbres
de l'Europe, mis en ordre et le texte rédigé par
R.-E. Raspe (en anglais et français). *Londres,*
1790-91; 2 vol. in-4, 57 pl. d.-rel.

Bel exemplaire d'un ouvrage très-estimé et rare.

511. DEBIEL (Lud.). Utilitas rei numariæ veteris.
Viennæ Austriæ, 1733; pet. in-8, 2 pl. d.-rel.

512. ROCHON. Essai sur les monnoies anciennes
et modernes. *Paris, Prault,* 1792; in-8, 6 pl. d.-r.

2. *Moyen âge et Renaissance. Biographie
des sculpteurs.*

513. CICOGNARA (Leopoldo). Storia della scultura, dal suo risorgimento in Italia fino al secolo
di Canova. *Prato,* 1823-24; 7 vol. in-8, et atlas
in-fol. d.-rel. veau rouge.

514. LENOIR (Alex.). Description historique et
chronologique des monuments de sculpture réunis
au musée des monuments français. *Paris,* 1806;
in-8, br.

515. BALDINUCCI (Filippo). Vita del Cavaliere Gio. Lorenzo Bernino, scultore, architetto e pittore. *Firenze, Vangelisti*, 1682; in-4, v. rac.

Très-bel exemplaire d'un excellent livre. Édition originale.

Une contrefaçon a paru à Florence, vers le milieu du dix-huitième siècle. On la reconnaît à deux différences dans le titre. Le nom *Gio* est suivi d'un point triangulaire dans l'édition originale, et de deux points dans la contrefaçon ; l'*n* de *nella Stamperia* est minuscule dans l'édition originale, et majuscule dans la contrefaçon.

516. CICOGNARA (Leopoldo). Biografia di Antonio Canova, aggiuntivi : I. Il Catalogo completo delle opere del Canova. II. Un Saggio delle sue lettere famigliari. III. La Storia della sua ultima malattia scritta dal dottore Paolo Zannini. *Venezia, Missiaglia*, 1823; in-8, d.-rel. v. bl.

517. MISSIRINI (Melchior). Della Vita di Antonio Canova libri quattro. *Prato, Giachetti*, 1824; in-8, br. pap. vélin.

Portraits et planche contenant 8 médailles frappées en son honneur.

518. LAGRANGE (Léon). Pierre Puget, peintre, architecte, décorateur de vaisseaux. *Paris, Didier*, 1868; in-8, br.

On a ajouté : Éloge historique de P. Puget, sculpteur, peintre et architecte. *Paris*, 1807, broch. in-8.

519. CAYLUS (comte de). Vie d'Edme Bouchardon, sculpteur du roi. *Paris*, 1762; in-12, d.-rel. mar. viol.

Le volume contient à la fin : Lettre de M. M. (Mariette) au sujet de la nouvelle fontaine de la rue de Grenelle.

520. DANDRÉ-BARDON. Anecdotes sur la mort de Bouchardon, suivies de quelques recherches sur les casques des anciens. *S. l.*, 1764, in-8, broch.

Pièce très-rare. (Cat. Goddé, 1112.)

521. TARBÉ (P.). La Vie et les OEuvres de J.-B. Pigalle, sculpteur. *Paris, Renouard*, 1859; gr. in-8, br.

522. ELOGE historique de M. Coustou l'aîné, sculpteur ordinaire du roi, auquel on a joint des descriptions raisonnées de quelques ouvrages de peinture et de sculpture. *Paris, Huart,* 1737; in-12, v. br.

523. NOTICES sur P.-J. David (d'Angers). 4 brochures, in-8.

Épître sur le monument de Bonchamps, par L. Pavie. *Angers,* 1824. — Notice sur David, par P.-J. David, *Angers,* 1839. — Etude sur la vie de David, par A. Maillard. *Angers,* 1839. — Inauguration de la galerie David. *Angers,* 1839.

524. REVUE britannique. Janvier 1833, in-8, br.

Contient une biographie de John Flaxman.

VI. ARCHITECTURE.

Traités. — Dictionnaires. — Biographies. — Recueils divers. — Jardins et parterres.

525. ERRARD ET DE CHAMBRAY. Parallèle de l'architecture antique avec la moderne. *Paris, Jombert,* 1766, in-8, fig. bas.

526. LAUGIER. Essai sur l'architecture. *Paris, Duchesne,* 1755; in-8, fig. v. — Remarques sur un livre intitulé : Observations sur l'architecture, par l'abbé Laugier, par M. G. *Paris, De Hansy,* 1768; in-8, fig. br.

527. NEUFFORGE. Recueil élémentaire d'architecture, vol. V. *Paris,* 1757; in-fol. pl. 289-360, vél. vert.

528. SERLIO (Sebastiano). Tutte l' Opere d'architettura. *Venetia, Fr. de' Franceschi, Senese,* 1584, in-4, vél.

Bel exemplaire, dans sa première reliure.

529. DAVILER (A.-C.). Cours d'architecture. *Paris, Langlois,* 1691; 2 vol. in-4, fig. veau br.

Première édition.

530. QUATREMÈRE DE QUINCY. Dictionnaire historique d'architecture. *Paris, A. Le Clerc,* 1832; 2 vol. in-4, cart. n. rogn.

531. VIOLLET-LE-DUC. Dict. raisonné de l'architecture française du XIe au XVIe siècle (tomes I
à III). *Paris, Bance,* 1854-57; 3 vol. in-8, fig.
broch.

532. VIOLLET-LE-DUC. Entretiens sur l'architecture
(1er au 3e, 5e au 7e). *Paris, Bance,* 1860; 6 cah.
in-8 et 2 atlas in-4 obl. broch.

On a ajouté : Lettres adressées d'Allemagne à M. A. Lange, par V.-L. D.
Paris, Bance, 1856, broch. in-8.

533. HUEBSCH (Heinrich). Die Architectur und ihr
Verhältniss zur heutigen Malerei und Sculptur.
Stuttgart, Cotta, 1847; in-8, d.-rel. veau bleu,
dos orné, aux chiffr. (*Capé.*)

534. RUMOHR (C. F. von). Ueber den gemeinschaft-
lichen Ursprung der Bauschulen des Mittelalters.
Berlin, 1831, in-8, d.-rel. veau r. dos orné aux
chiffr. (*Capé.*)

535. HOFFSTADT. Principes du style gothique, exposés d'après les documents du moyen âge. *Liége,*
1854; in-8 et atlas de 40 pl. in-fol. broch.

536. BOURASSÉ. Archéologie chrétienne, ou Précis de l'histoire des monuments religieux du
moyen âge. *Tours,* 1844, in-8, fig. bas. rac.

537. SAGREDO (Agost.). Sulle Consorterie delle arti
edificative in Venezia. *Venetia,* 1856; in-8, br.

538. TEMANZA (Tommaso). Vite dei più celebri
architetti e scultori veneziani che fiorirono nel
secolo decimosesto. *Venezia, Palese,* 1778; in-4,
cart. n. rogné (XIV et 550 pag.)

Excellent ouvrage, peu commun et recherché. Très-bel exemplaire.

539. BALDINUCCI (Filippo). Vita di Filippo di ser
Brunellesco, architetto fiorentino, ora per la
prima volta pubblicata, con altra più antica inedita di anonimo contemporaneo scrittore, pre-
cede una memoria intorno al risorgimento delle
belle arti in Toscana e ai ristauratori delle mede-

— 74 —

sime, dell' editore canonico Domenico Moreni.
Firenze, Carli, 1812 ; in-8, d.-rel. v. br.

540. CALLET. Notice historique sur la vie artistique de quelques architectes français du xvi° siècle.
Paris, 1843 ; in-8, fig. broch.

541. CADORIN (l'abbé Giuseppe). Pareri di XV architetti, e notizie storiche intorno al palazzo ducale, con illustrazioni dell' ab. G. Cadorin. *Venezia, Milesi*, 1838 ; in-8, d.-rel. dos et coins, mar.
v. chiff. fleur. (*Capé.*)

542. RONDELET (Antoine). Essai historique sur le
pont de Rialto. *Paris, chez l'auteur*, 1837 ; gr. in-4,
cart. 12 pl. gr.

543. LA QUÉRIÈRE (E. de). Essai sur les girouet-
tes, épis, crêtes et autres décorations des anciens
combles et pignons. *Rouen*, 1846. — Recherches
historiques sur les enseignes des maisons particulières. *Rouen*, 1852 ; 2 vol. pet. in-8, fig. broch.

544. LE PAUTRE. Livre de serrurerie. 18 pl. (premières épreuves). — Portes cochères, par le même.
Paris, Langlois, s. d., 6 pl. — Portes à placards
et lambris, dessinez par le s^r Mansard, grav. par
Le Pautre. *Paris, Langlois, s. d.* — Livre de cheminées, par Feuillet. *Paris, N. Bonnart, s. d.*,
6 pl. — Cheminées, par Roux. *Paris, Mariette*,
6 pl. — Livre d'autels, par Dolivar. *Paris, Gran-
trel*, 1690 ; etc., etc., 93 planches en 1 vol. pet.
in-fol. vél.

546. RECUEIL. Barbet. Livre d'architecture d'autels et de cheminées, grav. à l'eau-forte par
A. Bosse. *Paris*, 1633 ; 20 pl. — Portes, cheminées, etc., 12 pl. *Paris, Weyen, s. d.* (attribué à
A. Bosse). — Cartouches, ornements, etc., par
Mitelli, Mariette, etc., 24 pl. — Cartouches, par
E. della Belle, F. Collignon f., L.-D. Ciartres es-
cud., 13 pl.— Différents Compartiments et chapi-
teaux propres pour tous sculpteurs, peintres, gra-

veurs, etc. *Paris*, *Messager*, 1619; 30 planches.
— Vues de Paris, par Silvestre, etc. 1 vol. pet.
in-fol. parch.

547. HOEFLING (B.) et MERKEL (T.). Die Künste
des Mittelalters (les Arts du moyen âge). *Bonn, s.
d.*, 2 vol. in-fol. fig. noires et color. en livraisons.

548. LORIS (D.). Le Thresor des parterres de l'u-
nivers, contenant les figures et pourtraits des plus
beaux compartimens, cabanes et labyrinthes des
jardinages, tant à l'allemande qu'à la françoise
(texte en latin, français, allemand et anglais). *Genève, Gamonet*, 1629; in-4, 198 pl. grav. sur bois,
cart.

Rare.

VII. GRAVURE. — LITHOGRAPHIE. — TYPOGRAPHIE.

1. *Histoire de la gravure. — Dictionnaires. — Biographies générales et particulières. — OEuvres de
graveurs. — Monogrammes.*

549. LA GRAVURE, poëme. *Paris*, *Lemercier*,
1753; in-12, v. marbr.

Texte latin et traduction française.

550. CICOGNARA (Leop.). Memorie spettanti alla
storia della calcografia. *Prato*, 1831; in-8, cart. n.
rogn.

551. RUMOHR (C. Fr. von). Untersuchung der
Gründe für die Annahme : dass Maso di Fini-
guerra Erfinder des Handgriffes sei, gestochene
Metallplatten auf genetztes Papier abzudrucken.
Leipzig, R. Weigel, 1841; in-8, d.-rel. v. bleu
aux chiffr. (*Capé.*)

552. QUANDT (J. G. von). Entwurf zu einer Geschichte der Kupferstecherkunst, und die Wech-
selwirkungen mit andern zeichnenden Künsten.

Leipzig, Brockhaus, 1826; pet. in-8, d.-rel. veau f. aux chiffr. (*Capé.*)

553. BONNARDOT (A.). Histoire artistique et archéologique de la gravure en France. *Paris,* 1849; in-8, d.-rel. v. bl.

554. BONNARDOT (A.). Essai sur l'art de restaurer les estampes et les livres. *Paris,* 1858; in-18, d.-rel. v. bl. aux chiffr.

On a ajouté l'ouvrage du même auteur : De la Réparation des vieilles reliures. *Paris,* 1858, in-18, br.

555. ZANETTI (A.). Le Premier Siècle de la calcographie, ou Catalogue raisonné des estampes du cabinet de feu M. le comte L. Cicognara, avec un Appendice sur les nielles du même cabinet. *Venise, Antonelli,* 1837; 3 part. en 1 vol. in-8, avec 2 pl. de monogrammes, d.-rel. veau ant.

556. (HEINEKEN) Idée générale d'une collection complète d'estampes. *Leipsic et Vienne, Kraus,* 1771; in-8, d.-rel. v. f. nombreuses planc. monogram.

Excellent ouvrage, peu commun.

557. HEINECKEN (Baron de). Dictionnaire des artistes, dont nous avons des estampes, avec une notice détaillée des ouvrages gravés. *Leipsig, Breitkopf,* 1778-90; 4 vol. in-8, d.-rel. veau ant. aux chiffr. (*Capé.*)

A—DIZ. Tout ce qui a paru de cet important ouvrage.

558. GANDELLINI (Gio-Gori). Notizie istoriche degl' intagliatori. *Siena, Pazzini Carli,* 1771; 3 vol. in-8, portrait, monogrammes, veau f. (*Rel. anc.*)

559. MANUEL des amateurs d'estampes, contenant : Notice sur la gravure, Notice sur les principaux graveurs, etc. par J. C. L. M. *Paris, Foucault,* 1821; in-12, d.-rel.

560. HUBERT et ROST. Manuel des curieux et des amateurs de l'art, contenant une Notice abrégée

des principaux graveurs et un Catalogue raisonné
de leurs meilleurs ouvrages, depuis le commencement de la gravure jusqu'à nos jours. *Paris,
Fuchs,* 1797; et *Zurich, Orel,* 1808; 9 vol. in-8
réunis en 5, d.-rel. v. gr.

Il est assez difficile de trouver complet cet ouvrage intéressant. Le 9e volume (l'Ecole anglaise) manque souvent.

561. BASAN père et fils. Dictionnaire des graveurs
anciens et modernes depuis l'origine de la gravure. 3e édit. précédée d'une Notice historique
sur l'art de la gravure, par P.-P. Choffart, etc.
2 vol. in-8. *Paris, Blaise,* 1809; d.-rel. v. f.

Livre recherché et renfermant 60 estampes en très-belles épreuves.

562. BARTSCH (Adam). Le Peintre graveur. *Vienne,*
1803-21; 21 vol. pet. in-8, veau gr. fil. dos orné,
et 2 atlas in-4 obl. broch.

Très-bel exemplaire d'ancien tirage. On a ajouté : Supplément (peintres et
dessinateurs néerlandais), par R. Weigel. *Leipzig,* 1843. — Zusaetze, von
J. Heller. *Nürnberg,* 1854, 2 vol. in-12, monogrammes, broch.

563. LE BLANC (Ch.). Notice de quelques copies
trompeuses d'estampes anciennes, extraite et traduite de l'ouvrage intitulé : Anleitung zur Ku-
pferstichkunde, par Bartsch, avec des additions.
Paris, chez l'auteur, 1849; in-8, br.

Nombreux *fac-simile.* Tiré à 200 exemplaires.

564. BARTSCH (Adam). Catalogue raisonné de toutes
les estampes qui forment l'œuvre de Rembrandt
et ceux de ses principaux imitateurs. *Vienne,*
1797; 2 part. en 1 vol. in-8, portr. de Rembrandt
et Lievens, cart.

565. ROBERT-DUMESNIL. Le Peintre graveur
français, ou catalogue raisonné des estampes gravées par les peintres et les dessinateurs de l'école
française. *Paris,* 1835-50; 8 vol. in-8, d.-rel.
mar. rouge aux chiffr.

On a ajouté les vol. I et II de la continuation, par Prosper de Baudicour.
Paris, 1859-61, in-8, br.

566. DUCHESNE aîné. Voyage d'un iconophile, revue des principaux cabinets d'estampes, biblio-

thèques et musées d'Allemagne, de Hollande et d'Angleterre. *Paris*, 1834; in-8, d.-rel. veau vert.

567. WEIGEL (Rud.). Kunstlager-Catalog. *Leipzig*, 1843 et suiv.; livr. I à XXI en 3 vol. d.-rel. veau ant. dos orné (*Capé*), et livraisons 27 et 29 broch.

568. BECKER, C. Jobst Amman, Zeichner und Formschneider, Kupferätzer und Stecher. *Leipzig*, *R. Weigel*, 1854, pet. in-4, 17 gravures, cart. n. rogn.

569. DES MARETZ. Eloge historique de Callot. *Nancy*, 1828, in-8, br.

570. HUSSON (F.). Eloge historique de Callot, noble Lorrain, célèbre graveur. *Bruxelles*, 1766; pet. in-8, veau rac.

571. VALLEMONT (Abbé de). Eloge de M. Le Clerc, avec le catalogue de son ouvrage. *Paris*, *Caillou*, 1715; in-12, portr. v. br.

572. CATALOGUE de tableaux, sculptures, dessins, estampes, etc., de la succession de feu M. Le Bas. *Paris*, *Clousier*, 1783; in-8, portr. d.-rel.

573. CATALOGUE des planches gravées par les meilleurs maîtres anciens et modernes, d'après les plus beaux tableaux et dessins qui composent le fonds de H.-L. Basan. *Paris*, 1802; in-4, cart. dos en toile.

574. JOMBERT (Ch.-Ant.). Essai d'un catalogue de l'œuvre d'Etienne de la Belle. *Paris*, 1772; in-8, v. marb.

575. CATALOGUE des estampes anciennes de la collection de H. Weber. I. Portraits gravés par et d'après van Dyck. *Bonn*, 1852. — II. OEuvre de Rembrandt. *Leipzig*, 1856; 2 broch. in-8.

576. FAUCHEUX (L. E.). Catalogue raisonné de toutes les estampes qui forment l'œuvre d'Adrien van Ostade. *Paris*, 1862; in-8, broch.

577. PALMERINI (Nic.). Opere d'intaglio del cav. Raff. Morghen. *Firenze, Pagni,* 1824; in-8, portr. cart. n. rogn.

578. HECQUET (R.). Catalogue de l'œuvre de F. de Poilly, où l'on a joint un catalogue des estampes grav. par Jean Wischer et autres graveurs, d'après les tableaux de Wouvermans. *Paris, Duchesne,* 1752; in-12, v. br.

579. JOMBERT (Ch.-A.). Catalogue de l'œuvre de Ch.-Nic. Cochin fils. *Paris, Prault,* 1770, in-8, cart.

580. BRIZARD (Gabr.). Notice sur Jean-Claude Richard de Saint-Non. *Paris, Clousier,* 1792. — Catal. des tableaux, dessins et estampes de Saint-Non, par Paillet, 1792. — Analyse du Voyage pittoresque de Naples et de Sicile, par Brizard. *Paris,* 1788; 1 vol. in-8, cart.

581. CUMBERLAND (George). Some Anecdotes of the live of Julio Bonasoni, a Bolognese artist. *London, Robinson,* 1793; pet. in-8, cart. non rogn.

582. CATALOGUE des estampes qui composent l'œuvre de Jean-Pierre Norblin, peintre français, graveur à l'eau-forte, mis en ordre et dressé par Fr. H. *Paris, Lacrampe et Fertiaux,* 1848; in-8, br. avec 2 eaux-fortes.

Tiré à 5o exemplaires. Ce catalogue est précédé d'une notice biographique par Norblin.

583. MARIETTE (Pierre). Lettre sur les ouvrages de Piranesi. In-8, cart. non rogn. 18 pages.

Extrait du tome IV des Variétés littéraires. Cette lettre a été publiée par Arnaud.

584. CATALOGUE des estampes qui composent l'œuvre de F.-Th. Faber, peintre flamand, graveur à l'eau-forte, par F. H. *Paris,* 1843; in-8, broch.

Tiré à 5o exemplaires.

585. DUPLESSIS (Georges). Mémoires et journal de J.-G. Wille, publiés d'après les manuscrits autographes de la Bibliothèque imp. *Paris, Renouard,* 1857; 2 vol. in-8, d.-rel. dos et coins de veau r. aux chiffr. (*Capé*).

586. BRULLIOT (François). Dictionnaire des monogrammes, marques figurées, lettres initiales, etc., avec lesquels les peintres, dessinateurs, graveurs, sculpteurs, ont désigné leurs noms. Nouvelle édit. considérablement augmentée. *Munich, Cotta,* 1832-34; 3 vol. in-4, d.-rel. v. viol.

Très-bel exemplaire.

2. *Gravures sur bois, à l'eau-forte, au burin, en manière noire.*

587. JACKSON (John). A Treatise of wood engraving, historical and practical, with upwards of three hundred illustrations engraved on wood. *London, Knight,* 1839; gr. in-8, fig. d.-rel. non rogn.

Première édition, devenue très-rare.

588. FOURNIER, le jeune. Dissertation sur l'origine et les progrès de l'art de graver en bois, etc. *Paris, Barbou,* 1758; in-8, br.

589. PAPILLON (J.-M.). Traité historique et pratique de la gravure en bois. *Paris, Simon,* 1766; 2 vol. in-8, v. rac. nombr. fig.

Très-bel exemplaire.

590. RUMOHR (C.-Fr. von). Zur Geschichte und Theorie der Formschneidekunt. *Leipzig, R. Weigel,* 1837; in-8, 7 pl. d.-rel. veau r. aux chiffr. (*Cape*).

591. JANSEN. Essai sur l'origine de la gravure en bois et en taille-douce, et sur la connaissance des estampes des xv° et xvi° siècles. *Paris, Schoell,* 1808; 2 vol. in-8, 20 pl. d.-rel. veau f.

592. BOSSE (Abr.). Traité des manières de graver en taille-douce sur l'airain, etc. Revu et augmenté par Le Clerc. *Paris, Aubouin,* 1701; in-8, v. f. tr. dor. (*Notes manuscrites.*)

593. GLYPHOGRAPHY, or engraved drawing for printig at the type press after the manner of woodcuts. *London, E. Palmer, s. d.;* in-8, fig. cart.

594. ALKEN (Henry). The Art and practice of etching, with directions for other methods of light and entertaining engraving. *London,* 1849; petit in-8, 9 pl. cart. en percal.

595. DELESCHAMPS (Pierre). Des Mordants, des vernis et des planches, dans l'art du graveur. *Paris, Huzard,* 1836; in-8, 3 pl. broch.

596. LALANNE (Maxime). Traité de la gravure à l'eau-forte. *Paris,* 1866; in-8, fig. broch.

597. LABORDE (Léon de). Histoire de la gravure en manière noire. *Paris,* 1839; gr. in-8, fig. cart. dos de toile non rogn.

Ouvrage tiré à petit nombre et devenu très-rare.

3. *Lithographie. Typographie.*

598. SENEFELDER (Aloys). L'Art de la lithographie. *Munich, chez l'auteur,* 1819; in-8, d.-rel. dos et coins mar. viol. chiff. fleurons (*Capé.*)

Senefelder, inventeur de l'art lithographique, indique dans cet ouvrage, difficile à rencontrer, tous les procédés employés par lui pour dessiner sur pierre, et fait précéder la partie pratique d'une histoire de la lithographie. Une planche, en tête du livre, représente la presse dont il se servait.

599. RAUCOURT. Mémoires sur les expériences lithographiques, ou manuel théorique et pratique du dessinateur et de l'imprimeur lithographes. *Toulon, Aurel,* 1819; in-8, 2 pl. broch.

600. ENGELMANN (G.). Manuel du dessinateur lithographe. *Paris,* 1822; in-8, 13 pl. broch.

TH.   6

601. HOUBLOUP. Théorie lithographique, ou manière facile d'apprendre à imprimer soi-même. *Paris, Imbert,* 1825; in-8, d.-rel. mar. olive.

Avec six planches représentant onze sujets.

602. BRUN. Manuel pratique et abrégé de la typographie française. *Paris, Didot,* 1825; in-12, mar. vert, fil. fleur. chiffr. tr. dor. (*Capé*).

Charmant exemplaire d'un excellent traité épuisé depuis longtemps. Ce livre, composé par l'auteur lui-même, prote chez M. Didot, offre cette singularité qu'aucun mot n'a été coupé à la fin des lignes. Cet ouvrage est un modèle parfait d'exécution typographique.

603. LABORDE (Léon de). Nouvelles Recherches sur l'imprimerie. — Débuts de l'imprimerie à Mayence et à Bamberg, ou description des lettres d'indulgence du pape Nicolas V *pro regno Cypri,* imprimées en 1454. *Paris, Techener,* 1840; br. de 31 pages gr. in-4.

Cet ouvrage, tiré à un très-petit nombre d'exemplaires et dont les planches ont été immédiatement effacées, renferme un grand nombre de *fac-simile* de textes, vignettes, lettres majuscules, etc.

604. RECUEIL de volumes modernes sur l'imprimerie en taille-douce, peinture sur verre, photographie, galvanoplastie, etc. 11 vol. in-8 et in-12 fig. cart. et br.

Manipulations électro-chimiques, par A. Brandely. *Paris,* 1843, fig., d.-rel. v. bl. — Peinture sur porcelaine, par Lefebvre, 1858. — Traité de galvanoplastie, par Walker, 1843, etc., etc.

VIII. MÉTAUX. — ORFÉVRERIE. — BIJOUTERIE. HORLOGERIE.

605. LACROIX (P.) et **SERÉ** (F.). Histoire de l'orfévrerie-joaillerie et des anciennes communautés d'orfévres-joailliers de la France et de la Belgique. *Paris,* 1850, gr. in-8, fig. noires et color. cart. en toile, non rogn.

606. CELLINI (Benvenuto). Vita da lui medesimo scritta. *Milano, tipografia de' classici italiani,* 3 vol. in-8, d.-rel. v. br. portr. gr.

Cette édition est enrichie de notes excellentes sur le texte, les idiotismes de l'auteur, et sur les personnages dont il parle.

607. CELLINI (Benvenuto). Sa Vie écrite par lui-
même, et traduite par R.-D. Farjasse, avec notes, etc. *Paris*, *Audot*, 1833; 2 vol. in-8, d.-rel.
v. ant. chiffr. fleur. (*Capé.*)

Livre peu commun et bien fait.

608. VILLIERS (C. de). Benvenuto Cellini, étude
sur l'art florentin au XVIe siècle. *Paris*, *Dentu*,
1857, gr. in-8, br. 24 pag.

609. ARNETH (Jos.) Sudien über Benvenuto Cellini.
Wien, 1858; gr. in-4, 10 planches color. broch.

Dissertation tirée des Mémoires de l'Académie impériale de Vienne. Elle
est devenue assez rare.

610. CELLINI (Benvenuto). Due Trattati uno intorno
alle otto principali arti dell' oreficeria, l'altro in
materia dell' arte della scuptura, etc. *Fiorenza*,
Peri, 1568; in-4, cart.

Bel exemplaire de l'édition originale et rare de ce livre extrèmement curieux aux points de vue de la pratique et de l'histoire de l'art.

611. BIRINGUCCIO (Vanuccio). Li dieci libri della
Pirotechnia, etc. *Vinegia*, *Gio. Padoano*, 1550;
in-4, cart. nombr. grav. sur bois.

Bel exemplaire d'un livre curieux et rare, où l'auteur expose avec une
grande science pratique tous les procédés concernant la fonte des métaux, la
fabrication des cloches, des canons, les feux d'artifices, etc.

612. BIRINGUCCIO (Vanoccio). La Pyrotechnie, ou
art du feu, contenant 10 livres ausquels est am-
plement traité de toutes sortes et diversités de mi-
nières, fusions, séparations des métaux, moules
pour getter artillerie, cloches; boulets, fusées,
lances, feux d'artifices, etc.; traduite d'italien en
françois par feu maître Jaques Vincent. *Paris*,
Fremy, 1573; in-4, v. f. nombr. gravures sur bois.

Très-bel exemplaire d'une traduction aussi rare que le texte italien.

613. VARGAS (Perez de). Traité singulier de métallique, avec des secrets pour les orfévres, joail-
liers, affineurs, fondeurs, chaudronniers, potiers
d'étaing, couteliers, etc.; trad. par G. G. *Paris*,
Prault, 1743; 2 vol. in-12, fig. v. marbr.

614. LAFOLIE (Ch.-J.). Mémoires historiques relatifs à la fonte et à l'élévation de la statue équestre de Henri IV sur le terre-plein du Pont-Neuf, avec des gravures à l'eau-forte représentant l'ancienne et la nouvelle statue. *Paris, Le Normant*, 1819; in-8, d.-rel. mar. vert, chiffr.

615. FRANCESCONI (Daniele). Di un' urnetta lavorata all' agemnia. *Venezia*, 1800; in-8, cart. 3 gr. planches gravées.

Exemplaire en grand papier. L'introduction (de 40 pages) est consacrée aux travaux de damasquinure en Italie.

616. BION, CHRISTIN et DELATTRE. Inventaire des diamants de la couronne, perles, pierreries, tableaux, pierres gravées et autres monuments des arts et des sciences existants au Garde-Meuble. *Paris, Impr. nationale*, 1791, 2 part. en 1 vol. in-8, v. jasp.

617. DUBOIS (Pierre). Histoire de l'horlogerie, depuis son origine jusqu'à nos jours. *Paris*, 1849, in-4; plus de 400 pages, fig. noires et color. d.-rel. chagr. rouge.

618. BOOT (A.-B. de). Le Parfait Joaillier, ou histoire des pierreries. *Lyon, Huguetan*, 1644; pet. in-8, 8 fig. s. b., v. br.

619. JEFFRIES (David). Traité des diamants et des perles, leur importance, leur valeur, la vraie méthode de les tailler; traduit de l'anglais sur la 2ᵉ édit. *Paris, Debure*, 1753; in-8, d.-rel. v. f. 10 pl. grav.

Cet ouvrage, très-bien fait, est justement estimé.

620. DOLCE (Lodovico). Libri tre nei quali si tratta delle diverse sorti delle gemme che produce la natura, della qualità, grandezza, bellezza et virtù loro. *Venetia, Marchio Sessa et fratelli*, 1565; pet. in-8, v. br.

Rare.

IX. ARCHÉOLOGIE.

621. MÉMOIRES de la Société des antiquaires de France, tomes XX, XXV, XXVI (en double), XXVIII, XXIX, XXX, XXXI, 8 vol. in-8, fig. broch.— Bulletin, 1857, 1858 (mque livr. 3), 1859 (mque livr. 3), 1860 (mque livr. 4), 1861-1868, 1869, 1, 2. Plusieurs livraisons en double. — Annuaire, 1848-1852 et 1854.

622. REVUE d'histoire et d'archéologie. *Bruxelles*, 1859-61; in-8, fig. br.

Années 1859, 1860, 1861 (1, 2).

623. QUATREMÈRE DE QUINCY. Recueil de dissertations archéologiques. *Paris, Le Clere*, 1836; in-8, fig. broch.

624. WINCKELMANN. Histoire des arts chez les anciens, trad. par Huber. *Paris, Barrois*, 1789; 3 vol. in-8, 27 planches, veau rac.

625. DEZOBRY (Ch.). Rome au siècle d'Auguste, ou voyage d'un Gaulois à Rome. *Paris*, 1846; 4 vol. et atlas in-8, broch.

626. MARTIN. Histoire de la condition des femmes chez les peuples de l'antiquité. *Paris, Ebrard*, 1839; in-8, d.-rel.

627. BEULÉ (E.). L'Acropole d'Athènes. *Paris, Didot*, 1853; 2 vol. in-8, mar. viol. pl. gravées.

628. LABARTE (J.). Quel nom l'or émaillé a-t-il reçu des Grecs dans une haute antiquité? *Paris*, 1866; gr. in-4, broch.

629. ANTICHITA di Ercolano esposte. *Napoli, stamperia reale*, 1757-71; 6 vol. in-fol. mar. fig.

Pitture, 4 vol. v. marbr.; Bronzi, 1 vol. cart. n. r. et 1 vol. en vél.

630. LEGRAND (J.-G.). Galerie antique, ou collection des chefs-d'œuvre d'architecture, de sculpture et de peinture, antiques monuments de la

Grèce. *Paris*, 1842 ; in-fol. 92 planches , cart. dos de toile, non rogn.

631. SAULCY (F. de). Histoire de l'art judaïque, tirée des textes sacrés et profanes. *Paris , Didier*, 1858; in-8, d.-rel. veau bl. aux chiffr.

632. CHAMPOLLION-FIGEAC. Egypte ancienne. — *Marcel.* Egypte depuis la conquête des Arabes jusqu'à la domination française, etc. *Paris, Didot*, 1846-48, 2 vol. in-8. fig. d.-rel. veau bl. aux chiffr.

633. CHASSANT (L.-A.). Dictionnaire des abréviations latines et françaises usitées dans les inscriptions lapidaires et métalliques. *Evreux*, 1846; in-12, br.

634. VITA di Virbio detto altrimente Hippolito figlio di Theseo, descritta e disegnata con imitatione dell' antico in seidici historie da Pirro Ligorio, antiquario famoso, di sua propria mano per servitio del card. d'Este il vecchio che voleva farne una tapezzeria d'Avazzi. Manuscrit grand in-4, d.-rel. v. rouge.

635. RECUEIL de pièces sur l'archéologie. 7 brochures in-8 et in-12.

Essai sur le classement chronologique des sculpteurs grecs les plus célèbres, par Emeric David. *Paris*, 1807.— Introduction à l'étude des monuments antiques, par Millin. *Paris*, 1796. — Monuments antiques (grecs) inédits, par J. Millingen. — Mélanges d'antiquités grecques et romaines, par le comte de Clarac. *Paris*, 1830. — Dissertation sur un vase antique en verre, par Sestini, 1813. — Description d'un vase peint représentant le combat des Grecs et des Amazones, par A. Millin, une planche. — Catalogue des vases grecs de la collection Panckoucke, par F.-J. Dubois, grande planche.

636. RECUEIL sur l'archéologie. 6 pièces in-8 et in-4, fig.

De l'usage des lampes chez les anciens, par A. Dergny, 1802. — Description de la mosaïque de M. Macors, par F. Artaud. *Lyon*, 1806. — Sopra i moderni falsificatori di medaglie greche antiche. *Firenze*, 1826. — Dissertation sur un statère d'or d'un roi inconnu (Acès ou Acas), par A. Chabouillet. *Paris*, 1866, etc., etc.

637. RECUEIL de 4 pièces in-8, fig. broch.

Description du tombeau d'un roi égyptien, découvert par Belzoni, 1802. —Ninive, par Ch. Lenormant. *Paris*, 1845.—Notice sur les obélisques, et en particulier sur l'obélisque de Lonqsor, par Nest. l'Hote. *Paris*, 1836. — Fouilles en Egypte, par le vicomte de Rougé. *Paris*, 1861.

X. CÉRAMIQUE.

638. PALISSY (Bern.). OEuvres, avec des notes par Faujas de Saint-Fond. *Paris, Ruault, 1777*; in-4, veau f. fil. (*Rel. anc.*)

Très-bel exemplaire.

639. JACQUEMART (Alb.) et LE BLANT (Edm.). Histoire artistique, industrielle et commerciale de la porcelaine. *Paris, Techener (imprimerie de L. Perrin de Lyon)*, 1861-62; 3 vol. in-4, fig. broch.

640. JACQUEMART (Alb.). Notice sur les Majoliques de l'ancienne collection Campana. *Paris, Techener*, 1862 ; in-4, fig. broch.

641. BRONGNIART (Alex.). Traité des arts céramiques, ou des poteries considérées dans leur histoire, leur pratique et leur théorie; seconde édition, augm. par A. Salvétat. *Paris, Béchet*, 1854; 2 vol. in-8 et atlas in-fol. obl. d.-rel. dos et coins de maroq. brun, aux chiffr. (*Capé.*)

642. DEMMIN (A.). Guide de l'amateur de faïences et porcelaines. *Paris, Renouard*, 1861; fig. et monogr. — Recherches sur la priorité de la renaissance de l'art allemand. Faïences du XIII° siècle, terres cuites émaillées du v° siècle. *Paris*, 1862, 2 vol. in-18, broch.

643. DEMMIN (Auguste). Guide de l'amateur de faïences et porcelaines, etc.; nouv. édit. *Paris, Renouard*, 1863; in-12, br. fac-simile de monogr.

XI. DOCUMENTS HISTORIQUES.

Chronologie. — Histoire de personnages célèbres. — Recherches sur l'histoire du moyen âge et de la renaissance. — Usages, mobilier, etc.

644. L'ART de vérifier les dates des faits historiques, des chartes et autres anciens monuments, depuis la naissance de Notre-Seigneur. *Paris, Desprez,* 1770; in-fol. v. marbr.

645. LE LONG. Bibliothèque historique de la France, contenant le catalogue des ouvrages, imprimés et manuscrits, qui traitent de l'histoire de ce royaume ou qui y ont rapport; nouvelle édition, augmentée par Fevret de Fontette et autres. *Paris, Hérissant,* 1768-78, 5 vol. in-fol. veau marbr.

On a ajouté : Liste des portraits omis dans le père Lelong, par Soliman Lieutaud. *Paris,* 1844, broch. in-8.

646. HENNIN. Les Monuments de l'histoire de France, catalogue des productions de la sculpture, de la peinture et de la gravure, relatives à l'histoire de la France. *Paris, Dumoulin,* 1856, in-8, br.

Tome Ier. Introduction.

647. REUMONT (Alfredo). Tavole cronologiche e sincrone della storia Fiorentina. *Firenze, Vieusseux,* 1841 ; in-4, cart.

Cet ouvrage, justement estimé, renferme une introduction consacrée à l'histoire de Florence, son gouvernement, etc. Dans la série des tables, disposées chronologiquement depuis l'an 307 jusqu'en 1840, se trouve une colonne consacrée à l'édification des monuments, aux œuvres exécutées chaque année par les artistes. Ce travail, important pour l'histoire de l'art, est basé sur les renseignements les plus précis fournis par les archives.

648. ART de vérifier les dates de la Révolution, ou répertoire législatif, administratif, judiciaire et historique, depuis 1789 jusqu'en 1803. *Paris, Rondonneau, an XII,* in-12, cart. non rogn.

649. DANDRÉ-BARDON. Histoire universelle, trai-
tée relativement aux arts de peindre et de sculp-
ter, ou tableaux de l'histoire. *Paris, Merlin,* 1769;
3 vol. in-12, d.-rel. v. f. aux chiffr. (*Capé.*)

650. CLÉMENT (Nicolas). Les Roys et ducs d'Aus-
trasie, depuis Théodoric jusqu'à Henry de Lor-
raine II; trad. en françois par François Guibau-
det, Dijonnois. *Espinal, P. Houton,* 1617; pet.
in-4, portraits grav. sur bois, n. rel.

651. ROSCOE (William). Vie de Laurent de Médicis,
surnommé le Magnifique, trad. par Fr. Thurot.
Paris, Baudouin, an VII, 2 vol. in-8, d.-rel. chagr.
bleu.

652. ROSCOE (William). Vie et pontificat de Léon X,
trad. par P.-F. Henry. *Paris, Le Normant,* 1808;
4 vol. in-8, portr. et fig. d. rel. chag. vert.

653. GOZZADINI (il conte don Giovanni). Memorie
per la vita di Gior. II Bentivoglio. *Bologna, tipi
delle belle arti,* 1839; in-8, v. bleu, fil. portr.

654. CAPEFIGUE. François 1er et la Renaissance.
Paris, Amyot, 1845; 3 vol. in-8, broch.

655. LABORDE (Cte L. de). La Renaissance des arts
à la cour de France, études sur le seizième siècle.
Additions au tome premier. Peinture. *Paris, Po-
tier,* 1855; gr. in-8, cart. dos de toile non rogn.
(*Aux chiffr.*)
Exemplaire en papier de Hollande de ce livre recherché.

656. LABORDE (Cto L. de). Les Ducs de Bourgogne, études sur les lettres, les arts et l'industrie
pendant le xve siècle, et plus particulièrement dans
les Pays-Bas et le duché de Bourgogne. Seconde
partie I. II. Preuves. *Paris, Plon,* 1849-51 ; 2 vol.
in-8, vol. I broch., vol. II cart. dos de toile non
rogn. (*Aux chiffr.*)
Tout ce qui a été publié.

657. LABORDE (Cte L. de). Les Ducs de Bourgogne, études sur les lettres, les arts et l'industrie

pendant le xve siècle. *Bruges, Vandecasteele*, 1850; broch. in-8.

Extrait des Annales de la Société d'émulation de Bruges.

658. LABORDE (Cte Léon de). La Renaissance des arts à la cour de France, études sur le xvie siècle. Tome premier (seul). Peinture. *Paris, Potier*, 1850; gr. in-8, cart. dos de toile non rogn.

Tiré à 134 exemplaires. N° 7 des 26 exemplaires sur papier vergé de Hollande.

659. — La Renaissance des arts, etc. Les Trois Clouet dits Janet. *Paris, Claye*, 1850; in-8, broch.

Tirage à part, extrait de l'ouvrage précédent, à 5o exemplaires, pas mis dans le commerce. Envoi autographe de l'auteur.

660. LABORDE (marquis Léon de). Les Archives de la France, leurs vicissitudes pendant la Révolution, leur régénération sous l'Empire. *Paris, Renouard*, 1867; in-12, pap. vélin, broch.

661. LABORDE (comte Léon de). Inventaire des tableaux, livres, joyaux et meubles de Marguerite d'Autriche. *Paris, Leleu*, 1850; gr. in-8, pap. vergé, broch.

662. LABORDE (Cte Léon de). De l'Organisation des bibliothèques dans Paris. Première, deuxième, quatrième et huitième lettres. *Paris, Franck*, 1845; 4 cahiers gr. in-8, fig. broch.

Tout ce qui a paru. La quatrième lettre est rare.

663. LABORDE (Ch.-Léon de). Le Palais Mazarin et les habitations de ville et de campagne au xviie siècle. *Paris, Franck*, 1845; gr. in-8, fig. d.-rel. maroq. brun, dos orné, aux chiffr. (*Capé.*)

Très-bel exemplaire d'un ouvrage devenu très-rare. C'est la quatrième lettre du recueil précédent, accompagnée de notes.

664. MARINELLO (Giov.). Gli Ornamenti delle donne, tratti dalle scriture d'una Reina Greca. *Venetia, F. de' Franceschi*, 1562; pet. in-8, v. br. (*Reliure de l'époque.*)

665. HISTOIRE des modes françaises, ou Révolutions du costume en France, depuis l'établissement de la monarchie en France jusqu'à nos jours, contenant tout ce qui concerne la tête des Français, avec des recherches sur l'usage des chevelures artificielles chez les anciens. *Paris, Costard,* 1773; in-12, broch.

666. D'ÉMERY. Recueil de curiositez rares et nouvelles des plus admirables effets de la nature, avec de beaux secrets gallans. *Paris, L. Vendosme,* 1674; in-12, v. br.

667. LEBER (C.). Essai sur l'appréciation de la fortune privée au moyen âge, etc.; 2ᵉ édit. *Paris, Guillaume et Cᵉ,* 1847; in-8, d.-rel. dos et coins mar. grenat, chiffr. fleur. (*Capé.*)

668. LACROIX (Paul) et SERÉ (Ferdinand). Le Moyen Age et la renaissance, histoire et description des mœurs et usages, du commerce et de l'industrie, des arts, des sciences, des littératures et des beaux-arts. *Paris,* 1851; 240 livraisons in-4, fig. noires et color.

Manquent les numéros 1, 14, 15, 31, 32, 33, 101 à 125 inclusivement.

669. JUBINAL (Achille). Recherches sur l'usage et l'origine des tapisseries à personnage dites historiées, depuis l'antiquité jusqu'au xviᵉ siècle inclusivement. *Paris, Challamel et Cᵉ,* 1840; in-8, d.-rel. m. vert, chiffr.

670. PEIGNOT (Gabr.). Essai sur l'histoire du parchemin et du vélin. *Paris, Renouard,* 1812; in-8, br. (*Envoi autographe de l'auteur.*)

XII. ACADÉMIES. — ÉCOLES. — PRIVILÉGES. — STATUTS. DISCOURS ACADÉMIQUES. — BIBLIOTHÈQUES.

671. G. TH. BOERNERI super privilegiis pictorum liber singularis. *Lipsiæ,* 1751; pet. in-8, veau éc. dent. tr. dor.

672. RÈGLEMENTS sur les arts et métiers de Paris, rédigés au xiiie siècle, et connus sous le nom du Livre des métiers d'Etienne Boileau, publ. par G.-B. Depping. *Paris, Crapelet,* 1837; in-4, broch.

De la collection des Documents inédits sur l'histoire de France.

673. STATUTS, ordonnances et règlemens de la communauté des maistres de l'art de peinture et sculpture, graveure et enlumineure de cette ville et faux-bourgs de Paris, tant anciens que nouveaux, imprimez suivant les originaux, estant en charge de jurande Pierre Le Blanc, Jean Vissac, N. Gautier et L. Malœuvre. *Paris, J. Bouillerot,* 1672 ; in-4, frontisp. gr. veau br.

Signé par Vissac, Gautier et Malœuvre, et remis au peintre Hubert Jolliot. A la fin du volume on trouve encore les deux pièces suivantes : Sentence rendue par M. le lieutenant civil, du 28 mars 1608, contre les enlumineurs, portant que deffense leur est faicte d'ériger une maîtrise. (*Paris*), 1672 ; et Plaidoyé pour le sieur Girard Vanopstal, un des recteurs de l'Acad. R. de peinture, 23 pages.

674. L'ÉTABLISSEMENT de l'Académie royale de peinture et de sculpture, par lettres patentes du roy, vérifiées au parlement, 1648-76 (et continuées jusqu'en 1703). *Paris, Coignard,* 1693; in-4, mar. rouge, fil. tr. dor.

Recueil précieux, provenant de la vente Goddé, nº 934.

675. LETTRES patentes du roi qui aprouvent et confirment les nouveaux statuts de la communauté des peintres et sculpteurs de l'Académie de Saint-Luc, de la ville de Paris. (*Paris*), 1738; in-4, frontisp. grav. par Guélard, veau br.

Pièce d'un très-grand intérêt et d'une extrême rareté.

676. DÉCLARATION du roi, concernant les arts de peinture et sculpture, et portant nouveaux statuts et règlement pour l'Académie royale de peinture et sculpture, donnée à Versailles, le 15 mars 1777. *Paris, Hérissant,* 1777; broch. in-4.

677. GUÉRIN. Description de l'Académie royale des arts de peinture et de sculpture. *Paris, Collombat,* 1715; in-12, v. gr. avec 6 gr. planches ployées et une charmante vignette de Coquel gravée par Audran.

Cet ouvrage estimé de Guérin, qui était secrétaire perpétuel de l'Académie, donne des renseignements curieux sur les académiciens et sur la disposition des salles où se tenaient leurs séances.

678. DESCRIPTION sommaire des ouvrages de peinture, sculpture et gravure exposés dans les salles de l'Académie royale, par M. D***. *Paris, De Bure*, 1781; in-12, frontisp. gr. d.-rel.

679. DESEINE. Notices historiques sur les anciennes Académies royales de peinture, sculpture de Paris, et celle d'architecture. *Paris, Le Normant*, 1814; in-8, d.-rel.

680. QUATREMÈRE de Quincy. Considérations sur les arts du dessin en France, suivies d'un plan d'Académie ou d'école publique, et d'un système d'encouragements. *Paris, Desenne*, 1791; in-8, v. granit.

681. MISSIRINI (Melchior). Memorie per servire alla storia della Romana Accademia di S. Luca fino alla morte di Ant. Canova. *Roma, de Romanis*, 1823; in-4, 485 pages, d.-rel. v. f.

C'est l'histoire complète de cette académie célèbre, avec la liste de tous ses membres, des notices sur les principaux artistes, les discours, règlements, expositions, etc.

682. REIMERS (Henri de). L'Académie impériale des beaux-arts à Saint-Pétersbourg, depuis son origine jusqu'au règne d'Alexandre Ier en 1807. *Saint-Pétersbourg*, 1807; in-8, cuir de Russie, tr. d.

A la fin de l'ouvrage on trouve une liste annotée des *noms des artistes étrangers qui se trouvent actuellement en Russie.*

683. FONDATION de l'Académie royale danoise de peinture, sculpture et architecture établie à Copenhague. *Copenhague, Philibert*, 1758; in-4, vignettes, bas.

684. COCHIN. Trois Discours prononcés aux séances publiques de l'Académie des sciences et des belles-lettres de Rouen en 1777 (imprimés en 1779). —

Lettre (du même) à un jeune artiste peintre, pensionnaire de l'Académie royale de France à Rome. In-12, v. f. fil. tr. dor.

Bel exemplaire d'un livre rare, qui manquait aux bibliothèques de Cicognara et de Coddé.

685. COYPEL. Discours prononcez dans les conférences de l'Académie royale de peinture et de sculpture. *Paris, Collombat,* 1721; in-4, veau brun.

686. REYNOLDS (Josué). Discours prononcés à l'Académie roy. de peinture de Londres, suivis de notes sur le poëme de l'Art de peindre de Dufresnoy. *Paris, Moutard,* 1787; 2 vol. in-8, d.-rel. veau viol.

687. QUATTRO DISCORSI di Anton Chichiama, ecc., che possono servire di riposta a quanto scrisse e scriverà in biasimo della scuola e de' maestri Veneziani, il cav. Giosuè Reynolds. *Venezia, Vitto,* 1783; in-8, v. gr.

688. ÉMERIC DAVID. Discours historiques sur la peinture moderne. *Paris,* 1812; 244 pages. — Choix de notices sur les tableaux du Musée Napoléon. *Paris,* 1812; 66 pages. — Essai historique sur la sculpture française. (*Paris,* 1819); 111 pag. — Discours historiques sur la gravure en taille-douce et sur la gravure en bois. *Paris,* 1808; 83 pages, 1 vol. in-8, d.-rel.

689. PRÉCIS historique de l'origine de l'Académie royale de peinture, sculpture et gravure, de sa fondation par Louis XIV... et de son rétablissement par Louis XVIII. *Paris,* 1816; in-8, 48 pag. broch.

690. Recueil de neuf brochures sur l'organisation de la Bibliothèque royale, 1796-1847, par Villar, Dunoyer, Duchesne, Paulin Paris, etc.

XIII. VOYAGES PITTORESQUES.

1. *Voyages.*

691. VOYAGE d'un amateur des arts en Flandre, dans les Pays-Bas, en Hollande, en France, en Savoie, en Italie, en Suisse, fait dans les années 1775-78, par M. de la R. *Amsterdam*, 1783; 4 vol. in-12, veau marbr.

692. RUMOHR (C.-F. v.). Drei Reisen nach Italien (Trois Voyages en Italie). *Leipzig, Brockhaus*, 1832; in-12, d.-rel. veau f. aux chiffr.

On a ajouté l'ouvrage suivant du même auteur : Ursprung der Besitzlosigkeit des Colonen im neueren Toscana. *Hamburg*, 1830, in-8, d.-rel. v. f. n. rogn. (*Capé.*)

693. WAAGEN (G.-F.). Kunstwerke und Künstler in England und Paris (Ouvrages d'art et artistes en Angleterre et à Paris). *Berlin*, 1837-39; 3 vol. pet. in-8, d.-rel. non rogn. tête dor. (*Capé.*)

694. BEMERKUNGEN auf einer Reise durch die Niederlande nach Paris. *S. l.*, 1804; 2 vol. pet. in-8, d.-rel. veau vert, aux chiffr. (*Capé.*)

695. PESQUIDOUX (Léonce). Voyage artistique en France, études sur les musées d'Angers, de Nantes, de Bordeaux, de Rouen, de Dijon, de Lyon, de Montpellier, de Toulouse, de Lille, etc. *Paris, Lévy*, 1853; in-12, cart. percal.

696. TAINE (H.). Voyage en Italie, tome II. Florence et Venise. *Paris, Hachette*, 1866; in-8, br.

697. STENDHAL. Rome, Naples et Florence. *Paris, Delaunay*, 1826; 2 vol. in-8, d.-rel. veau ant.

698. FRAGMENTS. Naples et Venise, avec 5 dessins par T. Gudin et E. Isabey. *Paris, Laisné*, 1836; in-8, broch.

699. BLANC (Ch.). De Paris à Venise, notes au crayon. *Paris, Hachette*, 1857. — Venise, guide

historique, topographique et artistique. *Trieste*, 1855; fig. 2 vol. in-12, broch.

700. GOUPIL-FRESQUET. Voyage d'Horace Vernet en Orient. *Paris, Challamel* (1841); in-8, fig. col. broch.

2. *Guides. — Villes. — Eglises. — Abbayes. — Monuments. — Maisons.*

A. Italie.

701. ORSINI (Baldassare). Descrizione delle pitture, sculture, architetture ed altre cose rare della insigne città di Ascoli. *Perugia*, 1790; in-8, fig. d.-rel. vél.

702. PASTA (Andr.). Le Pitture notabili di Bergamo. *Bergamo, Locatelli*, 1775; in-4.

Excellent ouvrage. Recherches savantes et curieuses. Additions manuscr.

703. CRESPI (Luigi). La Certosa di Bologna, descritta nelle sue pitture. *Bologna*, 1772; in-4, pap. fort, cart. n. rogn.

704. (MALVASIA) Pitture, scolture ed architetture delle chiese, luoghi publici, palazzi, e case della città di Bologna. *Bologna, Longhi*, 1776; in-12, d.-rel.

705. GIORDANI. La Pinacothèque de Bologne. *Bologne*, 1856. — Même livre, 5ᵉ édition, augmentée. *Bologne, s. d.;* 2 vol. in-12, broch. rogn.

706. LE PITTURE di Bologna, del Ascoso Accademico Gelato, a i meriti incomparabili del Signor Le Brun. *Bologna, Monti*, 1686; pet. in-12, d.-rel.

707. CHIZZOLA (L.). Le Pitture e sculture di Brescia che sono esposte al pubblico, con un' appendice di alcune private gallerie. *Brescia, Bossini*, 1760; in-8, veau ant. fil.

708. RIGHETTI. Le Pitture di Cento, e le vite in compendio di varii incisori e pittori della stessa città. *Ferrara,* 1767; in-8, portraits, d.-rel.

Dans le même volume : Catalogo dei quadri, dei disegni et dei libri della galleria del conte Algarotti in Venezia.

709. CAMPO (Antonio). Cremona fidelissima città et nobilissima colonia de' Romani rappresentata in disegno col suo contato et illustrata d'una breve historia delle cose più notabili appartenenti ad essa et dei ritratti de' duchi et duchesse di Milano. *Milano, Bidelli,* 1645; 3 part. en 1 vol. in-4, fig. et portraits, veau f. fil. (*Anc. rel.*)

Très-bel exemplaire de la vente Bearzi.

710. BAROTTI (Cesare). Pitture e scolture che si trovano nelle chiese, luoghi publici e sobborghi della città di Ferrara. *Ferrara, Rinaldi,* 1770; in-4, plan, cart. n. rogn.

711. L'OSSERVATORE fiorentino sugli edifizii della sua patria. *Firenze, Ricci,* 1821, 8 tomes en 4 vol. in-8, fig. d.-rel. non rogn.

712. LUMACHI (Antonio). Memorie storiche dell' antichissima basilica di S. Gio. Batista di Firenze. *Firenze, Vanni,* 1782; in-8, pl. cart. n. rogn.

713. MORENI (Domen.). Il Pelerinaggio della ven. compagnia di S. Bened. Bianco alla santa casa di Loreto, descritto dall' immortal poeta Vinc. da Filicaia, e non mai impresso. *Firenze,* 1821; in-8, broch.

714. DESCRIPTION des peintures à fresque de Luc Giordano qui existent dans la galerie et bibliothèque Riccardienne (en italien et français). *Florence,* 1819; in-8, br.

715. DESCRIZIONE delle pitture, scolture e architetture che trovansi in alcune città dello stato Ligure, coll' aggiunta de' saggi cronologici riguardanti la republica di Genova. *Genova,* 1780; in-8, fig. bas. — Guide de Gênes et de ses environs. *Génes,* 1833; in-12, fig. broch.

716. LATUADA (Serviliano). Descrizione di Milano ornata con molti disegni in rame delle fabriche più conspicue che si trovano in questa metropoli. *Milano, Cairoli,* 1737-38; 5 vol. in-8, fig. cart. n. rogn.

717. MILAN. Guide des étrangers à Milan, par Bossi. *Milan,* 1819; in-16, d.-rel. — Guide de Milan, par Carta. *Milan,* 1831; in-12, cart. n. rogn. — Descrizione della facciata e dell'interno del duomo di Milano. *Milano,* 1832; pet. in-8, fig. broch. — Guida per la pinacotheca di Brera. *Milan,* 1836; in-8, br.

718. NOBILE (Gaetano). Un Mese in Napoli, descrizione della città di Napoli e delle sue vicinanze. *Napoli,* 1863; 3 vol. in-12, cart. en toile.

719. COCHIN et BELLICARD. Observations sur les antiquités d'Herculanum. *Paris, Jombert,* 1757; in-12, 40 planches, cart.

720. FOUGEROUX DE BONDAROY. Recherches sur les ruines d'Herculanum. *Paris, Desaint,* 1770; in-12, 3 pl. bas.

721. (CLARAC) Fouille faite à Pompéi le 18 mars 1813. *Naples,* 1813; in-8, 16 pl. broch. — Romanelli. Voyage à Pompéi, trad. par M. P. (Précédé). *Paris,* 1829; in-12, br.

722. GUIDA di Padova e della sua provincia. *Padova,* 1842; in-8, fig. cart.

723. ROSETTI (Giovambat.). Descrizione delle pitture, sculture ed architetture di Padova. *Padova,* 1776; in-12, cart. n. rogn.

724. BRANDOLESE (P.). Del Genio de' Lendiranesi per la pittura e di alcune pregevoli pitture di Lendinara. *Padova,* 1795; in-8, gr. pap. cart. n. rogn.

725. LE COSE più notabili di Padova, principalmente riguardo alle belle arti. *Padova, Brandolesi,* 1791; pet. in-8, cart. n. rogn.

726. BRANDOLESE (Pietro). Pitture, sculture, architetture ed altre cose notabili di Padova. *Padova*, 1795; in-8, plan, cart. n. rogn.

727. ORLANDI (Ces.). Descrizione della basilica di S. Lorenzo di Perugia, delle pitture che l'adornano, etc. *Perugia, Reginaldi*, 1776; in-12, cart. n. rogn.

728. MORELLI (G.-F.). Brevi Notizie delle pinture e sculture che adornano la città di Perugia. *Perugia, Constantini*, |1683; pet. in-12, frontisp. gr. cart.

729. MARCHESI (Raf.). Il Cambio di Perugia, considerazioni storico-artistiche. *Prato*, 1855; in-8, cart. n. rogn.

730. LAZZARINI (Gio.-Andrea). Catalogo delle pitture che si conservano nelle chiese di Pesaro. *Pesaro*, 1783; pet. in-8, cart. n. rogn.

731. CARASI (Carlo). Le Pubbliche Pitture di Piacenza. *Piacenza*, 1780; in-8, veau vert.

732. CIAMPI. Notizie inedite della sacrestia Pistoiese, de' belli arredi del Campo Santo pisano e di altre opere di disegno dal secolo XII al XV. *Firenze, Molini e Landi*, 1810; in-4, avec 4 planches très-bien gravées, v. br. n. rogn.

Superbe édition et très-bel exemplaire.

733. ROSSI (Giov.). Lettere pittoriche sul Campo Santo di Pisa. *Pisa*, 1810; gr. in-4, fig. broch.

Exemplaire sur grand papier. On a ajouté la première partie du même ouvrage sur papier ordinaire.

734. MORRONA (Aless. da). Pisa illustrata nelle arti del disegno. *Livorno*, 1812, 3 vol. in-8, fig. d.-rel. veau viol.

735. OSSERVAZIONI sopra l'opera di A. da Morrona che ha per titulo Pisa illustrata nelle arti del disegno. *Pisa*, 1812; in-8, 4 pl. broch.

736. ROSINI. Descrizione delle pitture del Campo Santo di Pisa. *Pisa*, 1829; pet. in-8, fig. cart.

On a ajouté : I Simboli di sette scienze e della filosofia, scolpiti in marmo, nel Campo Santo di Pisa. *Pisa*, 1814, pet. in-8, 8 pl. broch.

737. TITI (Fil.). Descrizione delle pitture, sculture e architetture esposte al publico in Roma. *Roma, Pagliarini*, 1763; in-12, vél.

738. TITI (Fil.). Studio di pittura, scoltura et architettura nelle chiese di Roma. *Roma, Mancini*, 1674; pet. in-12, parch.

739. ROBELLO (G.). Les Curiosités de Rome et de ses environs. *Paris*, 1854; in-12, fig. d.-rel. mar. rouge aux chiffr.

740. STENDHAL. Promenades à Rome. *Paris, Delaunay*, 1829; 2 vol. in-8, fig. d.-rel. chagr. bleu.

741. BALDI (Bernardino). Memorie concernenti la città di Urbino, dedicate alla S. M. di Giacomo III re della Gran Bretagnia. *Roma, Salvioni*, 1724; gr. in-fol. 146 planches, d.-rel. n. rogn.

742. DELLE COSE notabili che sono in Venetia libri due, ecc. *Venetia, de' Farri*, 1562; pet. in-8, mar. bleu, tr. dor. (*Thompson.*)

Édition originale et très-rare d'un dialogue entre un Vénitien et un étranger, sur les usages, offices, magistratures de Venise : renseignements sur les artistes peintres, musiciens, sculpteurs de cette ville.

743. GOLDIONI (Leonico). Le Cose maravigliose et notabili della città di Venetia. *Venetia, Ghirardo*, 1624; pet. in-8, v. f.

Joli exemplaire d'un livre rare.

744. BARDI (Girolamo). Dichiaratione di tutte le istorie che si contengono nei quadri posti novamente nelle sale dello scrutinio et del gran consiglio del Palagio Ducale della sereniss. Republica di Vinegia. *Venetia, Valgrisio*, 1587; pet. in-8, vél.

Édition originale et très-rare d'un ouvrage où se trouvent décrites les peintures faites au. palais ducal pour remplacer celles détruites par l'incendie de 1577.

745. DELLA PITTURA Veneziana, trattato in cui osservasi l'ordine del Busching e si conserva la dottrina e le definizioni del Zanetti, etc. *Venezia, Tosi,* 1797; 2 v. pet. in-8 réunis en un, d.-rel. v. 2 pl. gravées.

746. DELLA PITTURA Veneziana, trattato in cui osservasi l'ordine del Boschini e si conserva la dottrina e le definizioni del Zanetti. *Venezia, Vito,* 1799; 2 v. pet. in-8 réunis en un, d.-rel. v. vert, 2 pl. gravées.

On trouve à la fin du deuxième volume de cette édition la liste des tableaux emportés de Venise en 1797.

747. DESCRIZIONE di tutte le pubbliche pitture della città di Venezia e isole circonvicine, ossia rinnovazione delle ricche miniere di M. Boschini, ecc. *Venezia, Bassaglia,* 1733; in-8, v. écaillé. Frontispice gravé.

Édition rare. La préface (63 pages) contient une histoire de la peinture vénitienne.

748. BOSCHINI (Marco). Le Ricche Miniere della pittura Veneziana, etc. *Venezia, Nicolini,* 1674; in-12, cart. non rogné, 8 fig. gravées.

Important pour l'étude de l'école vénitienne.

749. LA CHIESA ducale di S. Marco, colle notizie del sua innalzamento, spiegazione delli mosaici, etc. *Venezia, Baronchelli,* 1753-54; 3 part. en 1 vol. in-4, v. gr.

750. SANSOVINO (Francesco). Venetia città nobilissima et singolare. *Venetia, J. Sansovino,* 1581; in-4, parch.

751. MOSCHINI (Gio. Ant.). Guido per l'isola di Murano. *Venetia,* 1808, in-8, broch.

752. ERIZZO (Nicol.) Relazione storico-critica della torre di S. Marco in Venezia. *Venezia,* 1860; gr. in-8, d.-rel. maroq. br. non rogn. (*Capé.*)

753. MAFFEI (Scip.). Verona illustrata, con giunte, note e correzioni inedite dell' autore. *Milano,* 1825-26; 5 vol. in-8, fig. broch.

754. DESCRIZIONE delle architetture, pitture e scolture di Vicenza. *Vicenza, Mosca,* 1779; 2 part. en 1 vol. in-12, d. rel.

755. GIULIANI (Gius.). Il Forestiere instrutto nelle cose più rare di architettura e di alcune pitture della città di Vicenza. *Vicenza, Mosca,* 1804; in-8, 36 planches, veau rac.

B. France.

756. PARIS. Promenades aux jardins du Luxembourg et des Tuileries. *Paris,* 1818. — Observations sur les principaux monuments de Paris. 1863. — Itinéraire de l'artiste et de l'étranger dans les églises de Paris. 1833. — Hôtel royal de la Présidence, actuellement hôtel de la Préfecture de Paris, par Labat, 1844. — Bibliographie de la ville de Paris, par Girault de Saint-Fargeau. 1847; 5 vol. in-18, in-12 et in-8, fig. broch.

757. LEBEUF (l'abbé). Histoire de la ville et de tout le diocèse de Paris. *Paris, Prault,* 1754-58; 15 vol. in-12, veau marbr.

758. LEBEUF (l'abbé). Dissertations sur l'histoire civile et ecclésiastique de Paris, suivies de plusieurs éclaircissements sur l'histoire de France. *Paris, Durand,* 1739-43; 3 vol. in-12, d.-rel.

759. LEBEUF (l'abbé). Recueil factice de dissertations sur l'archéologie, l'histoire et les arts en France. 1719-42; 12 pièces en 2 vol. in-12, d.-rel.

Cinq de ces dissertations ont été tirées du *Mercure de France.*

760. DESCRIPTION historique des tableaux de l'église de Paris. *Paris, Hérissant,* 1781; in-12, cart.

761. VITET (L.). Le Louvre. *Paris, Didot*, 1853; in-8, 1 pl. broch.

Volume devenu très-rare.

762. GUEFFIER. Description historique des curio-sités de l'église de Paris, par M. C. P. G. *Paris, Gueffier*, 1763; in-12, fig. bas.

763. D'ARGENVILLE. Voyage pittoresque de Paris, ou indication de tout ce qu'il y a de plus beau dans cette ville, en peinture, sculpture et archi-tecture. Sixième (dernière) édition. *Paris, De Bure,* 1778; in-12, fig. veau br.

764. HÉBERT. Dictionnaire pittoresque et histori-que; description d'architecture, peinture, sculp-ture, gravure, etc., de Paris, Versailles, Marly, Trianon, Saint-Cloud, etc. *Paris, Hérissant,* 1766, 2 vol. in-12, veau marbr.

765. MILLET (Dom Germain). Le Trésor sacré, ou inventaire des sainctes reliques et autres pré-cieux joyaux qui se voient en l'église de Saint-Denis. Ensemble les tombeaux des roys et reines, etc. *Paris, Billaine,* 1638; pet. in-12, bas.

766. HURTAUT. Dictionnaire historique de la ville de Paris et de ses environs. *Paris, Moutard,* 1779; 4 vol. in-8, 2 plans, veau marbr.

767. BRICE (Germain). Description de la ville de Paris et de tout ce qu'elle contient de plus remar-quable. *Paris,* 1752; 4 vol. in-12, fig. veau marbr.

768. CURIOSITÉS de Paris, de Versailles, Marly, Vincennes, Saint-Cloud et ses environs, par M. L. R. (le libraire Saugrain). *Paris,* 1778; 3 vol. in-12, fig. veau marb.

769. SAUVAL (Henri). Histoire et recherches des antiquités de la ville de Paris. *Paris, Moette et Chardon,* 1724; 3 vol. in-fol. v. br.

770. THIÉRY. Guide des amateurs et des étrangers voyageurs à Paris. *Paris, Hardouin,* 1786 ; 2 vol. in-12, cart. non rogn. (Sans gravures.)

771. GUILLEBERT DE METZ. Description de la ville de Paris au xve siècle, publ. par M. Le Roux de Lincy. *Paris, Aubry,* 1855 ; in-18, broch.

772. HÉBERT. Almanach pittoresque, historique et alphabétique des riches monuments que renferme la ville de Paris, à l'usage des artistes et amateurs des beaux-arts. *Paris,* 1779-80 ; 2 vol. in-18, veau marbr.

773. PIGANIOL DE LA FORCE. Description historique de la ville de Paris et de ses environs. *Paris,* 1765, 10 vol. in-12, fig. veau marbr.

774. D'ARGENVILLE. Voyage pittoresque des environs de Paris; 3e édition. *Paris, De Bure,* 1768; in-12, frontisp. gr. v. br.

775. PROMENADE ou itinéraire des jardins d'Ermenonville, auquel on a joint 25 de leurs principales vues, dess. et gravées par Mérigot fils. *Paris,* 1788; in-8, bas.

776. DE LA BARRE (Jean). Les Antiquités de la ville, comté et châtellenie de Corbeil. *Paris, Nic. et Jean de la Coste,* 1647; in-4, veau f. (*Rel. anc.*)
Bel exemplaire d'un ouvrage rare.

777. OUIN-LACROIX (Ch.). Histoire de l'église et paroisse de Saint-Maclou. *Rouen,* 1846; in-8. fig. d.-rel. veau f.

778. LICQUET (Théod.). Rouen. Précis de son histoire, son commerce, son industrie, ses manufactures, ses monuments. *Rouen, Frère,* 1827 ; in-8, plan, d.-rel.

779. LANGLOIS (E.-H.). Mémoire sur la peinture sur verre et sur quelques vitraux remarquables des églises de Rouen. *Rouen, Baudry,* 1823 ; in-8, fig. broch.

780. LANGLOIS (E.-Hyac.). Stalles de la cathédrale
de Rouen. *Rouen*, 1838; in-8, fig. d.-rel. veau
ant.

781. GALEMBERT (comte de). Mémoire sur les
peintures murales de l'église Saint-Mesme de Chi-
non. *Tours*, 1855; in-8, 5 pl., broch.

782. DELAQUÉRIÈRE ET LANGLOIS. Description
historique des maisons de Rouen les plus remarquables par leur décoration extérieure et leur an-
cienneté. *Paris, Didot*, 1821, et *Rouen, Périaux*,
1841; 2 part. en 1 vol. in-8, fig. d.-rel. veau f.

783. LANGLOIS (E.-Hyacinthe). Essai sur les Ener-
vés de Jumiéges, et sur quelques décorations sin-
gulières de cette abbaye, suivi du Miracle de
sainte Bautheuch. *Rouen, Frère*, 1838, in-8, fig.
d.-rel. veau ant.

784. ROUSSELET (Pacifique). Histoire et description de l'église royale de Brou, élevée à Bourg-
en-Bresse, sous les ordres de Marguerite d'Autriche, 1511-1536. *Paris, Desaint*, 1767; in-12, bas.

785. CHAMBURE (Ch. Maillard de). Dijon ancien et
moderne. Recherches historiques tirées de monuments contemporains, la plupart inédits, illustré par E. Sagot. *Dijon, Guasco-Jobart*, 1840;
gr. in-8, d.-rel. dos et coins mar. rouge, cartes
et nombreuses lithographies très-bien exécutées
d'après les monuments, antiquités, édifices, etc.

786. MORLENT (J.). Précis historique, statistique et
minéralogique sur Guérande, le Croisic et leurs
environs. *Nantes,* 1819; in-8, carte, broch.

787. NORMANDIE ET BRETAGNE. La ville d'Eu en
1844. *Eu,* 1844. — *Caen,* guide portatif et complet, par Trébutien. *Caen, s. d.* — Notice sur le
château d'Arques. *Rouen,* 1845. — Voyage de
Nantes à Indret, par A. Guépin. *Nantes,* 1836. —
Voyage à Clisson, par E. Richer. *Nantes,* 1834. —

Notice sur le tombeau de François Ier. *Nantes, s. d.*, 6 vol. et broch. in-12 et in-8, fig.

C. Allemagne, Pays-Bas.

788. Description des villes de Berlin et de Potsdam, et de tout ce qu'elles contiennent de plus remarquable. *Berlin*, 1769 ; pet. in-8, plans, broch.

789. LEHNINGER (J.-A.). Description de la ville de Dresde et de ce qu'elle contient de plus remarquable. *Dresde*, 1782, pet. in-8, frontisp. gr. et plan, broch.

790. PAYS-BAS. Description de la ville de Zaandam, par B. van Geuns. *Amsterdam, s. d.;* fig. — La Hollande, lettres à un ami, par Maxime du Camp, *Paris,* 1868. — Guide indispensable de la ville de Bruges, par Oct. Delepierre. *Bruges,* 1847 ; fig. 3 vol. in-12, rel. et broch.

791. MENSAERT (G.-P.). Le Peintre amateur et curieux, ou description générale des tableaux des plus habiles maîtres qui font l'ornement des églises... et cabinets particuliers des Pays-Bas autrichiens. *Bruxelles, P. de Bast,* 1763 ; 2 part. en 1 vol. in-12, portr. broch.

792. VILLEFAGNE D'INGIHOUL. Recherches sur l'histoire de la ci-devant principauté de Liége. *Liége, Collardin,* 1817, 2 vol. in-8, d.-rel.

793. DELEPIERRE (Octave). Précis des annales de Bruges, depuis les temps les plus reculés jusqu'au commencement du xviie siècle. *Bruges,* 1835 ; in-8, 34 planches, d.-rel. veau ant.

794. INVENTAIRE des objets d'art et d'antiquité des églises de Bruges. *Bruges,* 1846-48 ; 1 vol. in-8, fig. d.-rel. veau ant. aux chiffr. (*Capé.*)

3. *Palais. Résidences princières.*

795. GISORS (Alphonse de). Le Palais du Luxembourg, fondé par Marie de Médicis, considérablement agrandi sous le règne de Louis-Philippe. Origine et description de cet édifice, principaux événements dont il a été le théâtre depuis 1615 jusqu'en 1845. *Paris, Plon*, 1847; gr. in-8, fig. cart. n. rogn.

796. HÉBERT. Dictionnaire pittoresque et historique, ou description d'architecture, peintures, etc., de Paris, Versailles, Marly, Trianon et autres maisons royales, à environ 15 lieues autour de la capitale. *Paris, Hérissant*, 1766, 2 vol. in-12, d.-rel.

797. VERSAILLES. Indicateur de la ville et château. *Versailles*, 1821. — Guide du voyageur à Versailles. *Paris*, 1837; fig. — Versailles, le Val-de-Galie, le Château de Louis XIII, 1839; fig. — Le Palais de Trianon, histoire, description, par M. de Lescure. *Paris*, 1867. — 4 vol. in-12 et in-8.

798. GALERIE (la grande) de Versailles et les deux salons qui l'accompagnent, peints par Ch. Le Brun, dess. par J.-B. Massé. *Paris*, 1753, in-12, broch.

799. VERSAILLES. Notices et catalogues du Musée de Versailles, 9 pièces. — Tableaux placés dans les appartements du grand et du petit Trianon, 1838 et 1852; 2 pièces. — Ensemble, 11 cahiers et vol. in-8 et in-12.

800. NOTICE des tableaux placés dans les appartements du palais royal de Compiègne, 1832 et 1841; — de Fontainebleau, 1838. — Notice historique sur les Tuileries, 1849 (1re et 2e édit.). — Indicateur de la galerie des portraits, tableaux et statues du château d'Eu, 1836. — Notice sur les Gobelins, par Lacordaire, 1852. — Ensemble, 9 vol. ou cahiers in-12 et in-8.

801. DAN (Pierre). Le Trésor des merveilles de la maison royale de Fontainebleau. *Paris, Cramoisy*, 1642; in-fol. fig. d.-rel.

802. CASTELLAN (A.-L.). Fontainebleau, études pittoresques et historiques sur ce château, considéré comme l'un des types de la renaissance des arts en France au xvi° siècle. *Paris,* 1840; in-8, 85 planches, d.-rel. chagr. bleu.

Épuisé.

803. FONTAINEBLEAU, Compiègne, Pierrefonds. Fontainebleau, 1169-1854, par E. Jamin. — Fontainebleau sous Louis-Philippe, 1834, par le même. — Guide de Fontainebleau, par Denecourt, 1850. — Notice sur Compiègne et Pierrefonds. *Compiègne,* 1843. — Description de Pierrefonds, par Viollet-Le-Duc. *Paris,* 1857; 5 vol. in-8, broch.

804. NOTICES des tableaux placés dans les appartements du palais royal de Saint-Cloud, 1832-39, 1840, 41, 44, 45, 47; 1 vol. in-12 et 6 vol. in-8.

805. VIGNIER. Le Chasteau de Richelieu, ou Histoire des dieux et des héros de l'antiquité, avec des réflexions morales. *Saumur, Desbordes,* 1676; in-12, veau f. fil. tr. dor.

Première édition. Rare et très-curieux.

806. LEPAGE (H.). Le Palais ducal de Nancy. *Nancy,* 1852; in-8, fig. broch.

807. CARAMAN (Riquet, comte de). Anet, son passé, son état actuel. *Paris, Duprat,* 1860; pet. in-8, nombreuses photographies, broch.

Tiré à petit nombre. On a ajouté : Description du château d'Anet, par A. Lenoir. *S. l. n. d.* (Extrait du Magasin encyclopédique de Millin), broch. in-8. (Rare.)

808. CHAMBORD. Notice sur le domaine de Chambord, par L. de La Saussaye. *Chambord,* 1837. —

Le Château de Chambord, par L. de La Saussaye. *Lyon*, *L. Perrin*, 1859. — CHANTILLY. Etude historique, 900-1858, par Rousseau-Leroy. *Chantilly*, 1859. — BLOIS. Histoire du château de Blois, par L. de La Saussaye. *Paris*, 1850; 4 vol. in-12, fig. br.

809. BARDI (Gio.). Della imp. villa Adriana di Tivoli. *Firenze, Maghieri*, 1825; in-8, broch.

810. BOTTANI. Descrizione storica delle pitture del regio-ducale palazzo del Te. *Mantova, Braglia*, 1783; in-8, fig. bas.

811. MANILLI (Jac.). Villa Borghese fuori di Porta Pinciana. *Roma, Grignani*, 1650; pet. in-8, fig. veau.

812. BRAYLEY and Britton. The History of the ancient Palace and late Houses of parliament at Westminster. *London, Weale*, 1836; in-8, cart. 39 pl. gravées.

Ouvrage très-bien fait et estimé.

813. ROS (lord de). Memorials of the Tower of London. *London, Murray*, 1866; pet. in-8, fig. cart. en toile, non rogn.

XIV. MUSÉES. — GALERIES. — COLLECTIONS.

1. *Musées. — Galeries publiques.*

A. Italie.

814. CALLERY (J.-M.). La Galerie royale de Turin. *Havre*, 1854; in-18, d.-rel. v. bl. — La Galerie impériale de Florence. *Florence*, 1810; pet. in-8, d.-rel. — Galerie de Florence. *Florence*, 1834; pet. in-8, fig. br. — Description des objets d'art de l'Acad. des beaux-arts de Florence. *Florence*, 1856, broch. in-12. — TOFANELLI (A.). Description des objets de sculpture et de peinture qui se trouvent au Capitole. *Rome*, 1835; in-12, br.

815. LAVICE (A.). Revue des musées d'Italie. *Paris*, 1862. — Valery. L'Italie confortable, manuel du touriste. *Paris, Renouard, s. d. ;* 2 vol. in-12, broch.

816. JORIO. Guide pour la galerie des peintures anciennes du Musée Royal-Bourbon. *Naples*, 1830, in-8, 16 pl. d.-rel.

B. Espagne.

817. CATALOGO de los cuadros del real Museo de pintura, por P. de Madruzo. *Madrid*, 1845 et 1850. — Catalogo de la real armeria, por G. Campuzano. *Madrid*, 1854; 10 planches, 3 vol. in-8, broch.

C. Angleterre.

818. MUSÉES de Londres. Pictures of the national gallery, by R. Wornum, 1849. — Handbook for the national gallery, by F. Summerly, 1851 ; fig. sur bois, et 3 autres brochures in-4, in-8 et in-12.

819. ROBINSON (J.-C.). Italian sculpture of the middle ages and period of the revival art, a descriptive catalogue of the works in the South Kensington Museum. *London*, 1862 ; in-8, fig. cart. en percal.

D. Pays-Bas.

820. ANVERS. Notice des tableaux exposés au Musée, 1817. — Notice des tableaux du Musée, 1826. — Catalogue du Musée (1ʳᵒ édition). — Catalogue, 2ᵉ édition, 1857, monogr. 4 vol. in-8 et in-12.

821. BRUXELLES. Notice des tableaux et autres objets d'art exposés au Musée, 1811, 14, 15. — Catalogue des tableaux du Musée, 1835. — Musée

royal de Belgique. Peinture et sculpture, 1845-46, 1847, 50, 57. — Le Musée de Bruxelles, par A. de Montaiglon. *Paris*, 1850; 10 vol. in-8 et in-12, rel. et broch.

822. GAND. Notice des tableaux du Musée, 1825, 1836, 49, 53; 4 br. in-8. — BRUGES. Tableaux du Musée de l'hôpital Saint-Jean, 1850; in-12. — Catal. du Musée de l'Académie, 1849 et 1850; 2 broch. in-8.

823. AMSTERDAM. Catal. du Musée, 1840. — Tableaux du Musée, 1858. — Tableaux déposés au Musée, 1849, 53, 55. — Musée van der Hoop, 1855. — Guide d'Amsterdam, 1857. Ensemble 7 vol. in-8 et in-12, br.

824. NIEUWENHUYS (C.-J.). Description des tableaux de S. M. le roi des Pays-Bas, avec quelques remarques sur l'histoire des peintres et sur les progrès de l'art. *Bruxelles*, 1843; in-8, pap. fort, d.-rel. dos et coins de mar. rouge, aux chiffr. (*Capé.*)

825. LA HAYE. Notice des tableaux du Musée royal, 4 éditions différentes. — ROTTERDAM. Catalogue des tableaux et dessins du Musée (en hollandais), 1849-52. Ensemble 6 broch. in-8.

E. Allemagne.

826. OESTERREICH. Description de la galerie et du cabinet du roi à Sans-Souci. *Potsdam*, 1764; in-8, bas.

827. BERLIN. Waagen. Verzeichniss der Gemälde-Sammlung in K. Museum, 1837; broch. — Notice des tableaux du Musée royal, 1838; d.-rel. mar. vert, aux chiffr. — Verzeichniss der Gemälde-Sammlung, 1847 et 1857; 4 vol. in-8 et in-12.

828. BERLIN. Beschreibung der Gemälde-Gallerie des K. Museums, von F. Kugler, 1838. — Führer

durch die Gemälde und Sculpturen-Gallerie des
Museums, von E. Dönhoff., 1850. — Berlins
Kunstschätze, von M. Schassler, 1855-56; 2 vol.
— 4 vol. in-8 et in-12, broch.

829. DRESDE. Abrégé de la vie des peintres dont
les tableaux composent la galerie de Dresde.
Dresde, 1782; pet. in-8, frontisp. gr. d.-rel.

830. DRESDE. Catalogue des tableaux de la galerie
électorale. *Dresde,* 1804; pet. in-8, d.-rel.

831. DRESDE. Verzeichniss der K. Gemälde-Galerie, von F. Matthæi. *Dresden,* 1835; 2 part. en
1 vol. in-8, br.

832. DRESDE. Die Gemälde-Galerie, erklärt von
J. Mosen. *Leipzig,* 1850. — Der Begleiter durch
die Gemälde-Säle, von J. G. v. Quandt. *Dresden,*
1856. — Dresdener Galeriebuch, von M. B. Lin-
dau, 1856. — Bemerkungen über die neue Aufstel-
lung und Catalogisirung der K. Gemäldegallerie,
von G. F. Waagen. *Berlin,* 1848; 4 vol. in-12,
broch.

833. CATALOGUE des tableaux qui sont dans les
quatre cabinets de S. A. S. E. Palatine à Mannheim
et à Dusseldorf. *S. l.,* 1756; 2 part. en 1 vol. pet.
in-8, br.

834. DUSSELDORF. La Galerie électorale, ou Catalogue raisonné de ses tableaux, par N. de Pigage.
Bruxelles, Jorez, 1771; in-12, bas. — Observations raisonnées sur les tableaux de la galerie électorale, par J.-F. Fredou de la Bretonnière. *Dusseldorf,* 1776; pet. in-8, cart.

835. MUNICH. Catalogue des tableaux de la Pinacothèque royale, par G. de Dillis, 1845. — Catalogue, 1853 et 1860. — Catalogue des tableaux de
la galerie du duc de Leuchtenberg, 1841; 4 vol.
in-12, cart. et broch.

836. BRUUN NEERGARD. La Galerie de Salzthalen
et de l'état des beaux-arts à Brunswick. *Paris,*
1806 ; in-8, 27 pages broch.

Extrait, tiré à part et à petit nombre, du Magasin encyclopédique, mai
1806.

837. CATALOGUE de Musées ; 7 broch. ou vol.
in-12.

Catalogue du musée Rath, à Genève, 1859. — Musée de Bâle, 1866. —
Musée de Cassel, 1869, etc., etc.

838. ERMITAGE impérial. Antiquités du Bosphore
Cimmérien. Vases peints. — Musée de sculpture
antique. Collection de dessins. *A Pétersbourg,*
1864-67 ; 4 cahiers in-18, broch.

F. France.

839. VIARDOT. Les Musées de France (Paris). *Paris,*
1855 ; in-12 , d.-rel. mar. viol. aux chiffr. — Les
Musées d'Italie, 1842, broch. — Les Musées d'Allemagne et de Russie. *Paris,* 1844 ; in-12, d.-rel.
mar. bl. aux chiffr.

840. VIARDOT (Louis). Les Musées de France (Paris), d'Espagne, d'Italie, Allemagne, Russie. *Paris,*
Hachette, 1859-60 ; 5 vol. in-18, broch.

841. MANUEL du Musée français, avec une description analytique et raisonnée de chaque tableau,
indiquée au trait par une gravure à l'eau-forte,
tous classés par écoles et par œuvres des grands
artistes, par F. E. T. M. D. L. J. N. *Paris, Treuttel*
et Würtz, 1802-04 ; 3 vol. in-8, fig. d.-rel. veau
fauve.

Écoles française, flamande, italienne.

842. BAYLE (A. John). The Louvre, or biography of
a Museum. *London,* 1855 ; pet. in-8, 2 plans, cart.
en percal. n. rogn.

843. DESSINS, peintures, bas-reliefs et bronzes
exposés dans la galerie d'Apollon, 1811. — Des-

sins, peintures, émaux et terres cuites émaillées exposés dans la galerie d'Apollon, 1820. — Notice des dessins placés dans la galerie du Musée royal, 1845. Ensemble 3 vol. in-12.

844. CATALOGUE des objets contenus dans la galerie du Muséum français. *Paris, Patris,* 1793; pet. in-8, mar. rouge, fil. (*Remboîtage dans une belle reliure ancienne, aux armes.*)

Très-rare.

845. DESCRIPTION exacte du tableau exposé au Musée Napoléon, représentant le sacre de LL. MM. Imp. et Roy., peint par M. David. *Paris, Gautier,* 1808; in-8, 8 pages et une grande planche, br.

846. MONUMENTS égyptiens du Musée Charles X, par Champollion le Jeune, 1827. — Description des ouvrages de sculpture française de la galerie d'Angoulême, par le comte de Clarac, 1824. — Notice de la galerie des antiques du Musée Napoléon, 1811. — Description des antiques du Musée royal, par Visconti, 1817. — Description des antiques du Musée royal, par le comte de Clarac, 1820 et 1830. Ensemble 7 vol. in-12 et in-8.

847. NOTICE des tableaux exposés dans le Musée royal, 1816, 19, 23, 25, 26, 30, 41; 7 vol. in-12, rel. et broch.

848. LENOIR (Alex.). Notice succincte des objets de sculpture et architecture réunis au dépôt provisoire national, rue des Petits-Augustins. (*Paris*), 1793; pet. in-8, 28 pages, d.-rel.

Petit volume d'une rareté extrême.

849. CATALOGUE des tableaux du cabinet du roy au Luxembourg. *Paris, Le Prieur*, 1761, in-12, cart.

850. CATALOGUE des tableaux du cabinet du roy au Luxembourg, 1764 et 1779. — Explication des tableaux de la galerie du Sénat-Conservateur. *Pa-*

ris, Didot, 1806. — Explication des ouvrages de peinture et de sculpture de l'école moderne de France exposés au Musée du Luxembourg, 1827, 1829, 3o, 33, 35, 4o. Ensemble 9 vol. in-12.

851. NOTICE des estampes exposées à la Bibliothèque du roi, par Duchesne, 1819 et 1823. — Notice des monuments exposés dans le cabinet des médailles et antiques de la Bibl. du roi, 1819 et 1825. — Catal. des médailles existant dans la Monnaie royale, 1817 et 1828. — Notice sur le cabinet des médailles et pierres gravées de S. M. le roi des Pays-Bas, par J.-C. de Jonge. *La Haye,* 1824. Ensemble 7 vol. in-12 et in-8.

852. ALENÇON. Catalogue des dessins de la collection de M. de Chennevières-Pointel exposés au Musée. *Paris, Malassis,* 1857. — ANGERS. Notice des tableaux du Muséum, 1842 et 1847. — BLOIS. Catalogue des tableaux, gravures, etc., du Musée, 1853. — BORDEAUX. Notice des tableaux et figures exposés au Musée (2 éditions différentes). — CAEN. Notice des tableaux du Musée, 1837 et 1851 ; 8 vol. et broch. in-12.

853. DIJON. Notice des objets d'art exposés au Musée, 1842 et 1850. — GRENOBLE. Catalogue du Musée, 1844. — Le Havre. Catalogue du Musée-Bibliothèque, 1847, 51, 64. — LILLE. Exposition de 1834. Inauguration du nouvel hôtel des Archives, 1845. — LYON. Notice des tableaux du Musée, par Artaud, 1829. — Notice des tableaux, par A. Thierriat, 1844, 47, 51. Ensemble 15 vol. et broch. in-8 et in-12.

854. REYNART (Ed.). Notice des tableaux, bas-reliefs et statues du Musée de Lille. *Lille,* 1850 ; in-8, broch.

Exemplaire sur grand papier vergé.

855. MUSÉE Wicar. Catalogue des dessins et objets

d'art légués par J.-B. Wicar. *Lille*, 1856; in-8, broch.

Exemplaire en grand papier de Hollande.
On a ajouté : Notice sur la vie et les ouvrages de Wicar, par J.-C. Dufay. *Lille*, 1844, in-8, portr., broch.

856. **MARSEILLE.** Notice des tableaux et monuments antiques du Musée, 1849 et 1859. — **MONTPELLIER.** Notice des dessins, tableaux, esquisses, etc., réunis à la bibliothèque de la Faculté de médecine, 1830. — Tableaux et objets d'art du Musée-Fabre. — **NANCY.** Tableaux et statues du Musée, 1825. — **NANTES.** Tableaux et statues du Musée, 1837, 46, 54. — Notice historique sur le Musée de peinture de Nantes, par H. de Saint-Georges. *Nantes et Paris*, 1858. Ensemble 9 vol. et broch. in-8 et in-12.

857. **CATALOGUE** du Musée de Narbonne et notes historiques sur cette ville, par Tournal. *Narbonne*, 1864; gr. in-8, broch. — Explication des ouvrages de peinture, etc., exposés au Musée de Narbonne, 1853; broch. in-8.

858. **NIMES.** Catal. du Musée, 1848. — **ORLÉANS.** Tableaux, dessins, sculptures, antiquités et curiosités du Musée, 1826 et 1851. — **LE PUY.** Notice des tableaux, antiquités, etc., du Musée, 1841. — **REIMS.** Livret du Musée, 1845. Ensemble 5 vol. et broch. in-8 et in-12.

859. **ROUEN.** Tableaux du Musée, 1815. — Objets d'art, 1837 et 1846. — Tableaux, statues et objets d'art du Musée, 1855 et 1861. — **TOULOUSE.** Tableaux, statues, bustes, etc., du Musée. — Notice des tableaux du Musée, suivie d'une table alphabétique des peintres, par Roucoule, 1836. — **TOURS.** Notice des tableaux du Musée, 1825, 1834 et 1838. — **TROYES.** Notice sur les collections dont se compose le Musée, 1850. — **VALENCIENNES.** Catal. du Musée de peinture et de sculpture, 1839. Ensemble 11 vol. et broch. in-12.

2. *Galeries et collections particulières.*

860. (AMICI) Descrizione de' quadri del ducale appartamento di Modena. *Modena, Soliani*, 1787; in-4, d.-rel.

861. BOCALOSI. Catal. raisonné, ou Description exacte de plusieurs excellents tableaux des plus célèbres écoles de peinture du cabinet du marquis A. Tacoli Canacci, à Florence. *Parme et Florence*, 1796-98; 2 part. en 1 vol. in-4, cart.

862. YOUNG (John). A Catalogue of the pictures at Grosvenor House, with etchings from the whole collection. *London*, 1821 ; in-4, 46 planches, d.-rel.

863. A CATALOGUE (raisonné) of the original and select pictures exposed at the London Gallery. *London*, 1813; pet. in-8, fig. d.-rel. — Handbook to the pictures in the Fitz-William Museum. *Cambridge*, 1853; in-18, cart. en percal.

864. TRÉSORS d'art exposés à Manchester en 1857, par W. Burger. *Paris*, 1857. — Catalogue of art treasures collected at Manchester (provisional). — Catalogue, etc. ; supplemental catalogue; 4 vol. in-12, broch.

865. BURGER (W.). Galerie d'Arenberg, à Bruxelles. *Paris, Renouard*, 1859; in-18, br.

866. DESCRIPTION des tableaux et des pièces de sculpture que renferme la galerie du prince de Liechtenstein. *Vienne*, 1780; in-8, v. marbr.

867. FANTI (Vinc.). Descrizione completa di tutto ciò che ritrovasi nella galleria di pittura e scultura del princ. di Lichtenstein. *Vienna*, 1767; 2 part. en 1 vol. in-4, cart.

La seconde partie contient des biographies des peintres dont on trouve des tableaux dans cette galerie.

868. ARTAUD de Montor. Peintres primitifs, collection de tableaux rapportés de l'Italie. *Paris, Challamel,* 1843; gr. in-4, 60 pl. lithogr. broch.

869. LABARTE (J.). Description des objets d'art qui composent la collection Debruge-Duménil, précédée d'une introduction historique. *Paris, V. Didron,* 1847; in-8, d.-rel. dos et coins mar. v. chiffr. fleur. (*Capé.*)

Nombreuses gravures sur bois.

XV. EXPOSITIONS. — SALONS.

870. EXPLICATION des peintures, sculptures et gravures exposées en 1708, 45, 47, 48, 55, 63, 65, 1769, 71, 73, 77, 81, 85, 87, 89, 91, 93, 98, 1800, 04 (2 éditions différ.), 06, 08, 10, 12, 14; 25 vol. in-12, rel. et broch.

Plusieurs de ces livrets sont fort rares, surtout ceux de 1791 et 1793.

871. EXPLICATION des ouvrages de peinture et de sculpture de MM. de l'Académie de S.-Luc, dont l'exposition a eu lieu en 1751, 53, 64, 74; 4 cahiers in-12, broch.

Pièces rares. On a ajouté : Lettre à M. le marquis de ***, sur les peintures et sculptures de l'académie de Saint-Luc, exposées à l'hôtel de Jabac. *La Haye,* 1774, broch. in-12.

872. EXPOSITIONS particulières. Société des Amis des arts, exposition au Louvre en 1791, 92 et 94. — Exposition des tableaux exposés aux galeries des beaux-arts, 1843, etc., etc.; 8 broch. in-8 et in-12.

873. EXPOSITION des tableaux et objets d'art recueillis dans différents pays par les conquêtes de la Grande-Armée, 1798-1814; 9 vol. in-12, broch.

Collection très-rare. Tableaux recueillis dans la Lombardie, an VI. — Tableaux des écoles française et flamande, an VII. — Tableaux des écoles française et flamande, des écoles de Lombardie et Bologne, an IX (deux éditions différentes). — Statues, bustes et bas-reliefs, an IX. — Tableaux recueillis à Venise, Florence, Turin et Foligno, an X. — Tableaux recueillis à Venise, Florence, Turin et Bologne, an XI.—Statues, bustes, bas-reliefs, bronzes, etc., conquis en 1806 et 1807. — Tableaux des écoles primitives de l'Italie et de l'Allemagne, 1814.

874. STATUES, bustes, bas-reliefs, bronzes, etc., conquis par la Grande-Armée, 1806 et 1807. *Paris*, 1807. — Explication des tableaux, statues, bustes, etc., composant la galerie du Sénat-Conservateur, 1807. — Statues, bustes et bas-reliefs de la galerie des antiques du Musée Napoléon. *Paris*, 1808. — Expl. des ouvrages de peinture, sculpture, etc., des artistes vivants, exposés au Musée royal des arts. *Paris*, 1814; 1 vol. in-12, d.-rel.

875. EXPLICATION des ouvrages de peinture, etc., exposés en 1817, 19, 22, 24, 27, 31, 33, 38, 43, 1853, 55, 59, 61, 63, 65. Ensemble 29 vol. in-12, rel. et brochés.

876. EXPOSITION universelle de 1855. Rapports du jury mixte international. Industrie. Beaux-arts. *Paris, Impr. impér.*, 1856; 2 vol. in-4, cart. en percal. tr. dor.

XVI. CRITIQUES DE SALONS.

877. Salon de 1746, 49 et 50; 3 pièces in-12, rel. et broch.

Réflexions sur quelques causes de l'état présent de la peinture en France, avec un examen des ouvrages exposés au Louvre en 1746 (par Lafont de St-Yenne). *La Haye*, 1747. — Lettres sur la cessation du salon de peinture, 1749. — Lettres de M. le chev. de Tincourt, sur les tableaux exposés en 1750. *Paris. Mérigot*, 1751. (Rare.)

878. RECUEIL sur les beaux-arts.

Ce volume comprend les pièces suivantes :

1° Réflexions sur quelques causes de l'état présent de la peinture en France, avec un examen des principaux ouvrages exposés au Louvre le mois d'août 1746 (par M. Lafont de St-Yenne). *La Haye*, 1747, in-12.

2° Lettre de l'auteur des Réflexions sur la peinture et de l'examen des ouvrages exposés au Louvre en 1746 (par Lafont de St-Yenne), in-12.

3° Lettre sur l'exposition des ouvrages de peinture, sculpture, etc., de l'année 1747 (par l'abbé le Blanc). *Sans nom de lieu*, 1747, in-12.

4° Lettre sur la peinture, sculpture et architecture (par Baillet de St-Julien). *Sans nom de lieu*, 1748, in-12 (1re édition; la 2e est de 1749).

5° Réflexions sur quelques circonstances présentes, contenant deux lettres sur l'exposition des tableaux au Louvre, cette année 1748, etc. (par Baillet de St-Julien). *Sans lieu ni date*, in-12.

6° Observations sur les arts et sur quelques morceaux de peinture et de sculpture exposés au Louvre en 1748, etc. (par St-Yves). *Leyde, Elias Luzac junior*, 1748, in-12.

7° L'Ombre du grand Colbert, le Louvre et la ville de Paris, dialogue (par Lafont de St-Yenne). *La Haye*, 1749, in-12.

8° Remerciments des habitants de la ville de Paris à Sa Majesté au sujet de l'achèvement du Louvre. 1749, in-12.

Ce recueil *factice* renferme des pièces difficiles à rencontrer et intéressantes. Le volume a appartenu à M. Douville, qui a écrit sur la garde et derrière le premier titre des annotations piquantes sur les auteurs de ces brochures.

879. RÉFLEXIONS sur quelques causes de l'état présent de la peinture en France, avec un examen des principaux ouvrages exposés au Louvre en 1746. *La Haye, Neaulme,* 1747; 2 part. en 1 vol. in-12, d.-rel.

880. (LA FONT) L'Ombre du grand Colbert, le Louvre et la ville de Paris, dialogue. — Réflexions sur quelques causes de l'état présent de la peinture en France. (*Paris*), 1752; in-12, frontisp. par Eisen, v. br.

881. SALON de 1753; 6 pièces in-12, rel. et broch.

Lettres sur l'exposition des tableaux au Louvre (par Huquier). — Sentiments d'un amateur sur l'exposition. — Le Salon, par M. La Conche. — La Peinture, ode de milord Telliab (Baillet). *Londres*, 1753, 1re et 2e édition. Lettre à M. Ch. sur les caractères en peinture. *Genève*, 1753.

882. (HUQUIER) Lettre sur l'exposition des tableaux au Louvre, avec des notes historiques. *S. l.*, 1753; in-12, d. rel.

883. LAFONT (de Saint-Yenne). Sentiments sur quelques ouvrages de peinture, de sculpture et de gravure. *S. l.*, 1754; in-12, d.-rel.

884. SALON de 1755 et 1763; 2 vol. in-12, broch.

Lettre sur le salon de 1755. *Amsterdam*, 1755, 81 pages. — Lettres sur le salon de 1763, 22 pages. — Seconde lettre, 22 pages.

885. LE GÉNIE du Louvre aux Champs-Élisées, dialogue entre le Louvre, la ville de Paris, l'ombre de Colbert et Perrault. (*Paris*), 1756; in-12, d.-rel.

886. (COCHIN) Les Misotechnites aux enfers, ou Examen des observations sur les arts, par une société d'amateurs. *Amsterdam*, 1763; in-12, veau jasp. fil.

887. RECUEIL de pièces sur le salon de 1765; 6 broch. in-12.

Lettres sur les peintures, sculptures et gravures du salon, par Mathon de la Cour, 3 part. (Première édition, rare, exempl. de la vente Goddé.) — Lettres sur le salon (par le même). — Critique du salon.

888. MATHON de la Cour. Lettres à M. sur les peintures, les sculptures et les gravures exposées dans le salon du Louvre en 1765. *Paris*, 1765; in-12, front. gr. non rel.

889. RECUEIL de pièces sur le salon de 1769 et 1775; 4 broch. in-12.

Lettre sur le salon, par M. B. (2 exempl.) — Réflexions sur le salon, par Pingeron. — Observations sur les ouvrages du salon de 1775.

890. BACHAUMONT. Lettres sur les peintures, sculptures et gravures de MM. de l'Académie, exposées au salon du Louvre, depuis 1767 jusqu'en 1779, commencées par feu M. de Bachaumont. *Londres, Adamson*, 1780; in-12, 332 pages, v. marbr.

Peu commun.

891. RECUEIL de pièces sur le salon de 1781; in-8, 10 pièces en 1 vol. v. marbr.

Le Pourquoi, ou l'Ami des artistes. — La Patte de velours. — La Vérité critique des tableaux exposés au salon. — Panard au salon. — Pique-nique convenable à ceux qui fréquentent le salon. — La Muette qui parle au salon. — Réflexions joyeuses d'un garçon de bonne humeur sur les tableaux du salon. — Rafle de sept, ou réponse aux critiques du salon. — La peinturomanie, ou Cassandre au salon. — Galimatias critique des tableaux du salon.

892. RECUEIL de pièces sur le salon de 1781; in-8, n. rel.

Galimatias anticritique des tableaux du salon. — Jugement sur nos peintres et sculpteurs. — La Muette qui parle au salon. — La Patte de velours. —Le Pourquoi, ou l'Ami des artistes.— Panard au salon.— Pique-nique, etc. Rafle de sept, etc. — Réflexions joyeuses, etc.

M. Goddé ne possédait de ces deux recueils que deux pièces.

893. MÉLANGES concernant le salon de 1783; 14 pièces en 1 vol. in-8, et 1 vol. in-8, br.

Entretien sur les tableaux exposés au salon. — La Critique est aisée, mais l'Art est difficile. — Le Salon à l'encan. — Les Peintres volants. — Apelle au salon. — Changez-moi cette tête, ou Lustucru au salon. — L'Impartialité au salon. — Loterie pittoresque pour le salon. — Malborough au salon. — Le Triumvirat des arts. — Le Véridique au salon. — Observations générales sur le salon, etc., etc.

Recueil important de pièces devenues en général fort rares. (M. Goddé n'en possédait que deux.)

894. SALON de 1785, 87, 91, 1806-19; 6 broch. et vol. in-8 et in-12.

L'Espion des peintres de l'Acad. roy., 1785, 55 pages. — Les Grandes Prophéties de Nostradamus sur le salon de 1787, 44 pages et frontisp. gr. — Lettre de M. Denon sur le salon de 1787, 15 pages. — Explication critique impartiale du salon de 1791, 70 pages. — Le Flâneur au salon, 1806. — Annuaire de l'école française de peinture, ou Lettres sur le salon de 1819, par M. Kératry. (5 pl.)

895. DISCOURS sur l'origine, les progrès et l'état actuel de la peinture en France, contenant des notices sur les principaux artistes de l'Académie pour servir d'introduction au salon. *Paris*, 1785; in-8, br. 38 pag.

896. LE PAUSANIAS français, état des arts en France, à l'ouverture du xix° siècle. Salon de 1806. *Paris, Buisson*, 1806; in-8, portraits, d.-rel. mar. r. (*Aux chiffr.*)

897. ESSAIS sur les beaux-arts, et particulièrement sur le salon de 1817, par E.-F.-A.-M. Miel. *Paris, Didot*, 1817-18; in-8, fig. broch.

898. THIERS (A.). Salon de 1822, ou Collection des articles insérés au *Constitutionnel* sur l'exposition de cette année. In-8, br. avec 5 lithogr.

899. JAL (A.). Salon de 1827. Esquisses, croquis, pochades. *Paris*, 1830. — Salon de 1831. Ebauches critiques. *Paris*, 1831; 2 vol. in-8, fig. broch.

900. L'AMI des arts. Livre des salons, par Brunet, Desbarolles, A. Dufai, etc. Première année. *Paris*, 1843; in-8, 13 grav. broch.

901. THORÉ (A.). Le Salon de 1844, 45, 46 et 47. *Paris*, 1844-47; 4 vol. in-12, fig. broch.

902. BAUDELAIRE-DUFAYS. Salon de 1845 et 1846. *Paris,* 1845-46; 2 vol. in-12, broch.

Volumes devenus très-rares.

903. MAXIME DU CAMP. Les Beaux-Arts à l'exposition de 1855. *Paris,* 1855; in-8. — Le Salon de 1855, par J. de la Rochenoire, 1re part.; in-8. — L'Art dans la rue et l'art au salon, par Lépinois. *Paris,* 1859; in-12, 3 vol. broch.

XVII. CATALOGUES DE VENTES DE TABLEAUX DESSINS, ESTAMPES, CURIOSITÉS (1).

1. *Catalogues avec noms de possesseurs.*

904. RÉPERTOIRE de tableaux, dessins et estampes; ouvrage utile aux amateurs. *Paris, Demonville,* 1783; in-12, broch. (*Rare.*)

Répertoire des tableaux qui se sont vendus à des prix élevés pendant le dix-huitième siècle. Une grande partie en sont entrés dans les musées du Louvre.

Livre justement estimé et rare.

905. HOET (Gerard). Catalogus of naamlyst van schilderyen met derzelver pryzen, etc. (Répertoire de tous les catalogues de ventes de tableaux faites en Hollande, de 1684 à 1751, avec les prix), in's Gravenhagen. (*La Haye*), 1752; 2 forts volumes in-8 avec tables, etc., d.-rel. — *Id.* Supplément renfermant les ventes de 1752 à 1768. — *La Haye,* 1770; 1 fort volume in-8 avec tables, etc., d.-rel.

Exemplaire complet de ce répertoire important. Le Supplément se trouve très-difficilement.

906. HOET. Catalogus of naamlyst van schilderyen. (Catalogue de tableaux, avec leurs prix, vendus dans les Pays-Bas, 1684-1751, rédigé par Gérard

(1) Tous les catalogues où l'on n'a pas indiqué le lieu ont été imprimés à Paris.

Hoet). *La Haye, van Baalen*, 1752; 2 vol. in-8, veau jasp.

Exemplaire en papier fort.

907. CATALOGUE de tableaux vendus à Bruxelles, depuis l'année 1773 (jusqu'en 1803), avec les noms de maîtres mis en ordre alphabétique et la désignation du sujet, de la grandeur et du prix de chaque pièce en argent de change, avec la vie de chaque peintre. *Bruxelles (s. d.);* in-8, d.-rel.

Répertoire très-curieux et rare.

908. ARCHINTO (le comte) de Milan. Tableaux anciens. *Dhios*, 1863; in-8, br. — *Id.* Estampes anciennes et modernes. *Clément*, 1862; in-8, br. — ARTAUD de Montor. Tableaux des xiie, xiiie, xive et xve siècles. *Schroth*, 1851; in-8, br.

909. ARJUZON (le comte d'). Tableaux, objets d'art, curiosités, diamants, bijoux et argenterie. *F. Laneuville*, 1851; in-8, br. — ATGER de Montpellier. Catalogue d'une nombreuse collection de dessins anciens, estampes anciennes et modernes, livres à figures, etc. *Defer*, 1834; in-8, br.

910. BARNI. Catalogue d'une collection de dessins anciens et de toutes les écoles, formée depuis 1808, par Ch. Paillet, 1836; in-8, br. (*Quelques prix.*)

Collection très-importante.

911. BARROILHET. Catalogue des tableaux de l'école française moderne. *Fr. Petit*, 1855; in-8, br. (*Avec prix.*)

Préface de M. Ch. Blanc.

— — Catalogue d'une belle collection de tableaux anciens. *F. Laneuville*, 1860; in-8, br.

912. BEAUVAU, sénateur (le prince de). Catalogue de meubles précieux du temps de Louis XVI, etc. Vases de vieux sèvres, porcelaine de Saxe, de Chine, cassette aux armes de Henri II. Tableaux anciens, etc. *Mannheim et F. Laneuville*, 1865;

in-8, br. — BIARD, peintre. Catalogue de tableaux et études peintes d'après nature, objets étrangers, instruments, vases, costumes provenant de son atelier. *F. Petit,* 1865; in-8, br. — BARRÉ. Catalogue de tableaux, dessins modernes, eaux-fortes, lithographies, bronzes d'art, par *Petit*, 1864; in-8, br. — BORDATO. Tableaux choisis (italiens). *Venise,* 1858; gr. in-8, br.

Avec une jolie gravure d'une Vierge tenant l'Enfant Jésus par Buttazzow, d'après Giov. Bellini.

913. BELLANGÉ (Hippol.). Vente : 16 à 20 mars 1867. — Lachnicki, vente : 15 juin 1867. — Munoz, comte de Retamoso, vente : 29 mars 1867; 4 vol. in-8.

914. BERGERET, commandeur, trésorier honoraire de l'ordre royal et militaire de Saint-Louis, etc. Catalogue des tableaux des trois écoles. Gouaches, miniatures, pastels, dessins, estampes, bustes, vases, colonnes, bronzes, terres cuites, porcelaines, meubles, bijoux, etc. *J. Folliat, F. Delalande et Ph.-F. Julliat fils,* 1786; in-8, br. (*Quelques prix et noms.*)

Grande quantité de tableaux et de dessins de Boucher.

915. BERINGHEM, premier écuyer du roi. Catalogue raisonné de tableaux, figures, bronzes, laques, porcelaines, bijoux, etc., 1770. — BOUCHER, premier peintre du roi. Catalogue raisonné de tableaux, dessins, estampes, bronzes, terres cuites, laques, chinoiseries, porcelaines, coquilles, etc., 1771. — GUICHE (le comte de la). Catalogue de tableaux (ayant appartenu précédemment au comte de Lassay), 1770.

Ces trois catalogues très-importants, rédigés par *P. Remy*, reliés en un vol. in-12, v. br., ont les prix et les noms des acquéreurs. Ils renferment en outre des notes manuscrites, et sur des pages intercalées en plusieurs endroits on a inscrit le détail de tous les objets, mis en lots, inscrits sous un même numéro et divisés. Volume précieux.

916. BERNARDINI (le colonel). Catalogue de tableaux anciens des écoles italienne, espagnole,

hollandaise, flamande, allemande et française.
Ch. Paillet, 1832; in-8, br.

917. BERRY (duchesse de). Catalogue des tableaux
de l'école hollandaise, flamande et française, provenant de l'ancienne galerie du palais de l'Elysée.
Paris, 1837; in-8, br. (*Prix manuscrits.*)

918. BERRY (Mme la duchesse de). Catalogue de tableaux anciens et modernes composant la galerie
du palais Vendramini à Venise, par *Ferd. Laneuville,* 1865; in-8, br.

919. BINDLEY (James). A Catalogue of the very valuable collection of British portraits from the
reign of Egbert to the revolution of 1688, etc.,
interspersed with numerous elegant drawings in
colours from original pictures, never yet engraved, etc. *London,* 1819; in-4. Avec un portrait de
J. Bindley. 1re partie. — *Id.* 2e partie. Portraits
from the revolution of 1688 to the present period. — *Id.* 3e partie. British topography monuments, etchings by amateur artists, etc. Les
3 parties de cette vente importante en 1 vol. in-4,
d.-rel.

920. BLONDEL de Gagny. Catalogue de tableaux
précieux, miniatures, gouaches, figures, marbres,
bronzes, meubles de Boule, porcelaine, etc., par
P. Remy, 1776; in-12, relié en parchemin. (*Avec
un assez grand nombre de prix.*)

921. BAILLY. Dessins anciens, principalement de
l'école française, et quelques objets d'art; vente:
19 et 20 mars 1859; gr. in-8, br.

N° 14 des 50 exemplaires sur grand papier, *avec les eaux-fortes.*

922. BONNEMAISON (le chevalier Féréol). Catalogue
de tableaux précieux et autres curiosités, par
Henry, 1827; in-8, br.

Notice sur le chevalier Bonnemaison. Collection importante.

923. BORELY. Catalogue d'une précieuse collection de tableaux, dessins, gouaches, bas-reliefs et bustes, 1808; in-8, br. (*Prix.*)

924. BOURGEOIS (Constant et Amédée). Catalogues des tableaux, études peintes et dessins de ces deux artistes. *Duplat*, 1849; in-8, br. — BAYNTUN. Catalogue raisonné des tableaux dits de cabinet, par MM. *Christie et Manson. Londres*, 1853; in-8, br. — BOISFREMONT (de). Catalogues de dessins et esquisses peintes par Prud'hon, léguées par lui à M. de Boisfremont. *F. Petit*, 1864; in-8, br.

925. BOURLIER de Saint-Hilaire, ancien maître d'hôtel du roi. Catalogue d'une précieuse collection de tableaux par différents maîtres des trois écoles, dessins encadrés, sculptures en bronze, ivoire, marbre, monnoies, bijoux, porcelaines anciennes, etc., par *Joullain*, 1783; in-8, br. (*Avec prix et noms.*)

926. BOUTOURLIN (de). Catalogue de 6,000 estampes, par ...., d'après les maîtres des écoles italienne, allemande, flamande et française. OEuvres de Raphaël, Albert Durer, Lucas de Leyde, Poussin, etc. *Defer*, 1841; in-8, br.

927. BOYER-de-Fons-Colombe, d'Aix en Provence. Catalogue d'une collection de tableaux d'Italie, de Flandre, de Hollande et de France. Dessins des trois écoles, gouaches, miniatures, estampes, terres cuites, bronzes, marbres, pierres antiques, émaux de Petitot, bijoux, curiosités, par *Lebrun*, 1790; in-8, br. (*Prix des tableaux.*)

928. BOYMANS. Catalogue d'un magnifique cabinet de tableaux des plus célèbres maîtres des trois écoles, et d'une collection choisie de tableaux modernes, dessins anciens, belles gravures, par *Boymans. Utrecht*, 1811.

Préface curieuse. Collection importante.

929. BRIENEN DE GROOTELINDT (chambellan de S. M. le roi des Pays-Bas). Catalogue d'une collection de tableaux anciens des écoles hollandaise et flamande, par *Etienne Le Roy*, 1865; in-8, br. 2° édit. (*Deux exemplaires, dont l'un avec prix et noms des acquéreurs.*)

Collection très-importante.

930. BURGGRAAFF, Hollandais. Catalogue de tableaux précieux des écoles flamande, hollandaise, allemande et française, par *Lebrun*, 1811 ; in-8, br, (*Avec prix et noms.*)

931. CALAME, peintre. Catalogue de tableaux, études d'après nature, aquarelles, dessins et croquis, par Fr. Petit. 1ʳᵉ exposition. *F. Petit*, 1865; in-8, br.

Ce catalogue est précédé d'une notice biographique sur **Calame**.

932. CALLET (architecte). Catalogue d'objets d'art, antiquités égyptiennes, grecques et romaines, verreries, bronzes, terres cuites, vases étrusques, marbres, médailles, émaux, tableaux, dessins, gravures, etc. *Roussel et Defer*, 1855; in-8, br.

933. CAMBERLIN (le chevalier J.). Catalogue d'une collection intéressante d'estampes et de dessins, par *Guichardot*, 1865; in-8, br. 1ʳᵉ partie. — *Id.* 2° partie.

Précédé d'une notice sur M. Camberlin.

934. CHIQUET DE CHAMP-RENARD, secrétaire du roy. Catalogue de tableaux, dessins, estampes, bronzes, etc., par *Joullain fils*, 1768; in-12, br. (*Avec prix, noms des acquéreurs, et des notes manuscrites à la fin du catalogue.*)

935. CHOISEUL-STAINVILLE (le maréchal de). Catalogue de tableaux des écoles hollandaise, flamande et française, peintures en émail par Petitot, figures de marbre, vases de porcelaine, bijoux, diamants, boîtes précieuses, etc., par *J. Folliot et*

F. Delalande, 1789; in-8, br. (*Prix, quelques noms.*)

936. CLOS, ancien conseiller d'Etat, etc. Catalogue de tableaux précieux par les plus célèbres peintres des trois écoles. Marbres, bronzes, pendules et autres objets de curiosité, par *H. Delaroche*, 1812; in-8, br. (*Prix, noms des acquéreurs.*)

937. COCLERS, d'Amsterdam. Notice d'une collection de tableaux des écoles flamande et hollandaise. *Ch. Paillet*, 1814; in-8, br. (*Prix.*)

938. COLLET. Catalogue de tableaux des écoles d'Italie, de Flandre et de France. Dessins précieux, œuvre de Labelle, terres cuites, bronzes, marbres, porcelaines, tabatières, médailles, etc., par *Le Brun*, 1787; in-8, br. (*Prix à la moitié des numéros.*)

Avec notice biographique.

939. COLLOT. Catalogue de la collection de tableaux modernes et anciens, par *Schroth*, 1852; in-8, br. (*Avec prix.*)

— — Catalogue raisonné de tableaux de diverses écoles, par *Ferd. Laneuville*, 1855; in-8, br. (*Prix et noms des acquéreurs.*)

940. CONSTANTIN (feu). Catalogue de tableaux des trois écoles, par *Pérignon*, 1816, in-8, br. (*Prix, noms des acquéreurs.*)

941. CONSTANTIN (Amédée). Notice de dessins, gouaches, miniatures, fixés des peintres de l'école française ancienne et moderne (après cessation de commerce). *Ch. Paillet*, 1830; in-8, br.

942. CONTI (Mgr le prince de). Catalogue d'une riche collection de tableaux des maîtres les plus célèbres des trois écoles. Dessins, bronzes, marbres, terres cuites, pierres gravées, bijoux, etc., par *G. Remy*, 1777, in-8, non rogné, basane, fil. (*Avec prix.*)

943. CORNAC (le docteur). Catalogue de tableaux anciens et modernes des diverses écoles (2ᵉ partie du cabinet). *Defer*, 1859; in-8, br. — CRÉPIN. Catalogue de tableaux et ébauches par feu Crépin, peintre de marine, et d'une belle collection de 48 dessins originaux par Melling, ayant servi à la publication du voyage à Constantinople, etc. *Schroth*, 1852; in-8, br. — COLIN, artiste (cabinet de M.). Notice de dessins, école française du xviiiᵉ siècle, et nombre de croquis, études par Géricault et par Watteau. *Vignères*, 1859; in-8, broch.

944. COUPRY-DUPRÉ, ancien greffier en chef aux présentations du parlement de Paris. Catalogue d'une précieuse collection de tableaux des trois écoles. Estampes anciennes, bronzes, pendules, mosaïques, porcelaines, laques, etc., par *H. Delaroche*, 1811; in-8, br. (*Prix, noms des acquéreurs.*)

945. CROMOT (de), surintendant des finances de Monsieur. — Notice de tableaux originaux des premiers maîtres de l'école hollandaise, figures de marbre, vases de marbre, porcelaine ancienne et de Sèvres, meubles, figures chinoises, etc., par *Paillet*, 1787; in-8, br. (*Prix et noms d'acqué-reurs.*)

Vente importante.

946. CROZAT. Description sommaire des dessins des grands maistres d'Italie, des Pays-Bas et de France, avec des réflexions sur la manière de dessiner des principaux peintres, par *P.-J. Mariette*, 1741; in-8, v. br. (*Avec prix et noms.*)

947. CROZAT. Catalogue des estampes, vases de poterie étrusques, figures, bas-reliefs en bronze, ouvrages en marqueterie du célèbre Boule père, du cabinet de feu M. Crozat, par P. Remy. *Paris, Muzier*, 1772; in-12, cart. (*Prix manuscrits.*)

948. DAIGREMONT. Catalogue des tableaux anciens des écoles italienne, espagnole, française,

flamande, hollandaise et allemande, par *F. La-neuville,* 1861; in-8, br.

949. DAUGNY. Catalogue d'objets d'art et de curio-sité, par *M. Roussel,* 1858; in-8, br. (*Vente im-portante.*) — DIAZ (peintre). Collection, peinture, dessins de M. Diaz, Delacroix, Barye, Decamps, etc. Costumes, meubles, curiosités, etc., 1861; in-8, broch.

950. DAVAUX. Notice de tableaux des trois écoles. Gouaches, miniatures, dessins, estampes, vases de Sèvres, etc. *Paillet et Delaroche,* 1805; in-8, br. (*Avec prix et noms.*)

951. DAVID (Louis), peintre d'histoire. Catalogue de ses tableaux de galerie et de chevalet, dessins, études, livres de croquis, etc. *Pérignon,* 1826; in-8, br. (*Prix à la plupart des tableaux et des-sins.*)

952. DEBRUGE-DUMÉNIL. Catalogue d'objets d'art. *Roussel,* 1849; in-8, br.

Collection extrêmement importante.

953. DEBUSCHER. Catalogue d'une collection pré-cieuse de dessins, avec une suite nombreuse d'es-quisses à l'huile coloriées et en grisailles par les plus grands maîtres d'Italie, bronzes, terres cui-tes, ivoires, curiosités, etc. *A. Paillet et H. Dela-roche,* 1804, in-8, br. (*Avec prix et noms.*)

954. DECAMPS, peintre. Catalogue des tableaux, esquisses, dessins, croquis (exécutés par lui), et de tableaux par divers maîtres, armes, costumes, meubles. *F. Petit,* 1853; in-8, br. (*Avec prix et noms.*) — *Id.* Vente après décès, 36 tableaux et 90 dessins. *J. Petit,* 1861; in-8, br. (*Avec prix.*)

955. DEFLORENNE. Catalogue d'estampes ancien-nes, œuvres d'Albert Durer, Marc-Antoine, Pous-sin, Nanteuil, Callot, etc., livres sur les arts, plan-ches gravées, ornements qui composaient son fonds de commerce. *Defer,* 1849; in-8, br.

956. DELACROIX (Eugène). Vente après décès.
F. Petit et Tedesco, 1864; in-8, br.

957. DELANGE. Catalogue abrégé d'une collection
composée en grande partie de tableaux italiens
recueillis à Venise. *George*, 1838; in-8, br. —
DEBRUGE-DUMÉNIL. Catalogue d'objets d'art
et de haute curiosité, etc. *Roussel*, 1840; in-8,
5e vente. — DEBOIS. Ordre de vacation de la
2e partie de la vente aux enchères d'une rare et
précieuse collection d'estampes anciennes et modernes. *Defer*, 1844, in-8, br.

958. DELAROCHE (Paul). Catalogue de tableaux
anciens, dessins, estampes, livres et figures, costumes, etc. *Defer*, 1857; in-8, br. — *Id.* Catalogue des tableaux, esquisses, dessins, croquis exécutés par lui. *F. Petit*, 1857, in-8, br. — DEVE-
RIA (Achille). Tableaux, dessins, objets d'art et
de curiosités. *Dhios et Vignères*, 1858; in-8,
br.

959. DELBECQ de Gand. Catalogue des dessins
principalement de l'école de Flandre. *T. Thoré
et Guichardon* (alliance des arts), 1845; in-8, br. —
Id. Catalogue des estampes anciennes. *Delalande
et T. Thoré*, 1845; br.

1re partie. Ecole allemande, 1845, br. — 2e partie. Ecole italienne, *id.* —
3e partie. Ecoles flamande, hollandaise, française (xve—xviie siècles), *id.*

960. DELESSERT. Vente, 15 à 18 mars 1869; gr.
in-8, fig. broch. (*Prix mss.*)

961. DEMIDOFF. Tableaux, aquarelles, tabatières,
armure de parade, vente 13 à 16 janvier 1863;
in-8, br. (*Prix mss.*)

962. DEMIDOFF (D.). Tableaux anciens et modernes, vente 3 février 1863; in-8, br. (*Prix mss.*)

963. DENON (le baron V.). Description des objets
d'art composant son cabinet. 1re partie. Tableaux,
dessins et miniatures. (*Avec prix et noms.*) —
Id. 2e partie. Estampes et livres à figures. —

Id. 3° partie. Monuments antiques, historiques, modernes, ouvrages orientaux, etc. 1826; 3 vol. in-8, d.-rel. maroq. vert. (*Avec prix.*)

964. DESPERET. Collection de dessins anciens et modernes, estampes anciennes et lithographies. *Clément*, 1865; in-8, br.

965. DESPINOY (le lieutenant général comte). Catalogue d'une belle réunion d'émaux et de miniatures, par et d'après Petitot, Barbier, Chatillon, Touron, Hall, etc., ms. sur vélin, médailles, etc. *Mannheim*, 1849; in-8, br. — *Id.* Catalogue de tableaux de diverses écoles. *Roehn*, 1850; in-8, broch.

966. DESTOUCHES. Catalogue d'une collection très-précieuse de tableaux des écoles flamande, hollandaise et allemande, porcelaines rares du Japon, de la Chine, bronzes, marbres, curiosités, etc. *A.-J. Lebrun*, 1794; in-8, br. (*Avec prix et noms.*)

Vente très-importante.

967. DIAZ. Vente, 11 mai 1857, 28 avril 1858; 2 cahiers in-4, 23 planches à l'eau-forte, br. — Quinze tableaux de Diaz. Vente du 20 mai 1868; in-4, 15 photographies.

968. DIDIER (Henri). Objets d'art et de curiosité, tableaux et dessins, ventes 10 et 11, 15 à 17 juin 1868; 2 br. in-8.

969. DUFOURNY (Léon). Catalogue de tableaux, dessins, estampes. *H. Delaroche*, 1819; in-8, tiré format in-4, pap. vél. d.-rel.

Avec 62 planches gravées au trait et un portrait de M. Dufourny.

970. DUFRESNE, agent de change. Catalogue de tableaux précieux des écoles de Flandre, de Hollande et de France. *A. Pérignon*, 1816; in-8, br. (*Avec prix et noms.*)

Collection importante.

971. DUMAS (Alex., fils). Tableaux anciens et modernes, vente 28 mars 1865. — TROYON. Tableaux et études, vente 24 au 27 janvier 1866.
— CHAPUIS. Tableaux anciens et modernes, vente
à Bruxelles en 1865; 3 vol. in-8, br.

972. DUMONT, sculpteur. Catalogue de tableaux
des trois écoles, gouaches, bustes, etc., figures en
bronze, terres cuites, girandoles, pendules, bronzes dorés, cristaux de roche, bijoux, etc. *A.-J.
Paillet,* 1793; in-8, br.

973. DUMONT, membre de l'Institut. Catalogue
d'objets d'art, tableaux, dessins, miniatures, estampes, ouvrages à figures, médailles, etc. *Paris,
Defer,* 1854; in-8, br.

Cette collection renfermait un assez grand nombre de miniatures par
M. Dumont père, peintre de Louis XVI. (*Quelques prix.*)

974. DUPILLE. Catalogue raisonné de tableaux des
écoles d'Italie, hollandoise, flamande et françoise. *P. Rémy,* 1780; in-12, br. (*Prix. Supplément
mss.*)

Première vente.

975. DUPILLE DE SAINT-SEVERIN, ci-devant trésorier des troupes de la maison du roi. Catalogue
d'une belle collection de tableaux des trois écoles,
sculptures en marbre, terres cuites, meubles par
Boule, porcelaines, etc. *Joullain,* 1785; in-8, br.
(*Prix et noms.*)

Collection de M. Dupille le père, formée au commencement du dix-huitième siècle. Deuxième vente.

976. DURAND (Edme). Catalogue d'une collection
d'estampes anciennes, de livres pour les arts,
gouaches et dessins. *Pieri Renard,* 1836; in-8,
br. (*Avec prix.*)

Belle vente.

977. DUVAL, de Genève. Catalogue d'une belle
collection de tableaux des écoles italienne, flamande, hollandaise et française. *Meffre aîné,*

1846 ; in-4, br. avec 18 planches gravées. (*Avec prix.*)

Cette vente remarquable se fit à Londres.

978. EMLER. Catalogue d'une précieuse collection de tableaux. *Elie*, 1809 ; in-8, br. (*Prix.*)

Collection importante.

979. ERARD (le chevalier). Catalogue des tableaux italiens, flamands, hollandais et français des anciennes écoles. *Henry*, 1832 ; in-8, br. (*Prix.*)

Superbe collection.

980. *Id.* 2ᵉ exemplaire. (*Sans les prix.*)

981. ESPAGNAC (comte d'). Tableaux, vente du 1ᵉʳ au 3 mars 1866. — BOITELLE. Tableaux, vente, 24 à 25 avril 1866 ; 2 vol. in-8.

982. ESPAGNAC (comte d'). Tableaux anciens, marbres précieux, vente 8 mai 1868. — Tableaux anciens et miniatures, vente 23 novembre 1868. — OLMADE, de Toulouse. Tableaux anciens, vente 7 et 8 décembre 1868 ; 3 vol. in-8.

983. FESCH (le cardinal). Catalogue de tableaux composant sa galerie. *Rome*, 1841 ; in-4, br. — *Id.* Catalogue de tableaux. *Georges*, 1ʳᵉ partie, in-8, d.-rel. (*Avec prix.*) — *Id.* 2ᵉ et 3ᵉ partie, in-8, br.

On trouve difficilement le premier catalogue de cette vente célèbre.

984. FIRMIAN. Cabinetto Firmiano (stampe e pitture). *Milano,* 1782 ; 2 part. en 1 vol. in-4, non rel.

985. FLERS (Camille de). Vente de tableaux, dessins et croquis. Décembre 1868. — Comte de ***. Décembre 1868. Aquarelles par Ziem, 1868 (préface par Théoph. Gautier) ; 3 cahiers in-8.

986. FONSPERTUIS (Angran, vicomte de). Catalogue raisonné de bijoux, porcelaines, bronzes, la-

ques, tableaux, dessins, etc. *E.-F. Gersaint*, 1747;
in-12, bas. titre gravé par Cochin.

Vente très-intéressante et catalogue bien fait. On y trouve un bon article
sur la fabrication de la porcelaine en Chine et en Europe, sur les laques, etc.

987. FORBIN-JANSON. Catalogue d'une belle collection de tableaux, objets d'art et de curiosité. *Simonet*, 1849; in-8, br. — **FEUCHÈRE (J.)**, statuaire. Catalogue de son cabinet, précédé d'une notice par J. Janin (tableaux, dessins, gravures, antiquités, médailles grecques et romaines, meubles du moyen âge, etc.). *F. Laneuville, Raulin*, 1853; in-8, br.

988. FORTIER, avocat au parlement, etc. Catalogue raisonné de tableaux de différents bons maîtres des trois écoles, figures de bronze ou marbre, terres cuites, pierres gravées, etc. *P. Remy*, 1770; in-12, br. (*Avec prix.*)

989. FOULD (Louis). Collection de tableaux. *F. Laneuville*, 1860; in-8, br. (*Avec prix.*) — **FLANDRIN (H.).** Catalogue des tableaux, esquisses, études-dessins, études et croquis (quelques tableaux anciens). *J. Petit*, 1865; in-8, br.

990. GAMBA. Catalogue des tableaux des trois écoles et autres articles de curiosité. *A. Paillet*, 1811; in-8, br. (*Prix et noms.*)

991. GARNIER, peintre, membre de l'Institut. Catalogue d'une vente de tableaux anciens et modernes, esquisses peintes, dessins, estampes. *Defer*, 1850; in-8, br. — **GIROUX** père. Catalogue d'une belle collection de tableaux anciens. *F. Laneuville et Defer*, 1851; in-8, br. 4 planches gravées. — **GRAULT.** Vente après décès de tableaux anciens de toutes les écoles, études, esquisses, ébauches exécutées par lui. Dessins, gouaches, livres, etc. *Defer*, 1853; in-8, br.

992. GENTIL DE CHAVAGNAC (Mme). Catalogue raisonné des tableaux et de quatre admirables cartons de Jules Romain. *Georges*, 1854; in-8, br. (*Avec un assez grand nombre de prix.*)

993. GÉRICAULT, peintre d'histoire. Notice de tableaux, esquisses, dessins, études diverses, estampes appartenant à sa succession. *Henry*, 1824; in-8, br.

994. GILBERT (A.-P.-M.). Catalogue de livres, dessins, estampes, collection iconographique. 1858; in-8, br.

Avec notice biographique par M. *Dusenel* et des notes par M. *Bonnardot*. Les deux parties réunies.

995. GIRODET-TRIOSON. Catalogue des tableaux, esquisses, croquis faits par lui. — Tableaux, dessins des trois écoles, estampes, médailles, armures, curiosités, etc. *Pérignon*, 1825; in-8, br.

996. GIRODET-TRIOSON. Catal. des tableaux, esquisses, dessins et croquis, vente en avril 1825. — GROS. Catal. des tableaux, etc., vente 23 novembre 1835. — GÉRARD. Tableaux, esquisses, dessins, vente en avril 1837; 3 vol. en un, in-8, d.-rel.

997. GOUVERNET (le marquis de). Catalogue de dessins de maîtres très-renommés, tels que Raphaël, Michel-Ange, Titien, P. Véronèse, etc. Tableaux de diverses écoles, miniatures, groupes de bronze, etc. *P. Remy*, 1775; in-12, br. (*Prix et noms.*)

998. GRAND-PRÉ. Catalogue d'une rare et précieuse collection de tableaux par les plus grands maîtres des trois écoles, terres cuites, bronzes, porcelaines du Japon, meubles de Boule, etc. *Langlier et Paillet*, 1809; in-8, br.

Belle collection.

999. GRANVILLE (J.-J.). Catalogue illustré de la collection de dessins et croquis originaux exécutés par lui à l'aquarelle, à la sépia, etc. *Defer*, 1853; gr. in-8, fig. sur bois. (*Avec notice biographique.*)

— GOYET (Eugène). Catalogue de ses esquisses et études. Tableaux anciens, dessins, estampes, lavis. *Ch. Rouillard*, 1857; in-8, br. (*Avec notice biographique.*)

1000. GROS (le baron). Catalogue des tableaux, esquisses, dessins et croquis exécutés par lui. Tableaux, dessins, monuments de l'antiquité, médailles, costumes asiatiques, composant son cabinet. *Dubois, P. Bénard, Ch. Paillet*, 1835; in-8, br. (*Avec prix.*) — *Id.* Notice des estampes anciennes et modernes et des livres sur les sciences, les arts et la littérature. 1835; in-8, br.

1001. HAYE (De la). Catalogue de tableaux, bronzes, marbres et dessins. *Sans date, mais du siècle dernier*; in-8. (*Avec prix.*) — HARCOURT (le vicomte d'). Catalogue de tableaux, aquarelles et dessins, par Decamp, *F. Laneuville*, 1851; in-8, br. — HERMANOWSKA (Martin), peintre-verrier à Troyes. Catalogue d'une belle collection de tableaux anciens, d'objets d'art et de curiosité, porcelaines, gravures, dessins, etc. 1853; in-8, broch.

1002. HOPE (M. W.). Catalogue de tableaux anciens des écoles flamande, hollandaise et française. 1858; in-8, br. (*Avec les prix.*)

Introduction de M. *Ch. Blanc.*

1003. HULTHEM (Ch. Van). Catalogue raisonné de la précieuse collection de dessins et d'estampes au nombre de près de 30,000. *Van aer Meersch*, 1846; in-8 de 894 pages.

Ce catalogue, très-bien fait, est terminé par une table alphabétique très-complète des artistes peintres, sculpteurs, architectes, dessinateurs, et par une autre table des graveurs.

1004. INGRES. Tableaux, études peintes, dessins et croquis, exposés dans le palais de l'Ecole impér. des beaux-arts. *Paris*, 1867. — Vente du 27 avril

1867. — Vente des 6 et 7 mai 1867. — 3 vol. in-8, br.

1005. ISABEY. Catalogue d'un choix de livres, la plupart relatifs aux beaux-arts, grands ouvrages, etc. *Techener*, 1856; in-8, br. — JOUBERT (de), trésorier des états de Languedoc. Catalogue de dessins italiens, françois, flamands, hollandois, gouaches, eaux-fortes, etc. *Constantin*, 1793; in-8, br. — JECKER (Louis-Joseph). Notice des estampes anciennes et modernes. *M. Ch. Leblanc*, 1851; in-8, br. — *Id*. Catalogue des tableaux capitaux des Ecoles italienne, espagnole, flamande, etc. *François*, 1851; in-8, br.

1006. JOYANT (Jules), peintre. Catalogue de tableaux anciens et modernes, d'estampes, des études peintes d'après nature, aquarelles, dessins exécutés par l'artiste à Venise. *Defer*, 1855; in-8, br.—JOUSSELIN. Tableaux anciens et modernes, études, esquisses, dessins anciens, estampes, etc. *Vignères*, 1858, in-8, br.

1007. JULIENNE (de). Catalogue raisonné de tableaux, dessins, estampes et autres effets curieux. *P. Remy*, 1767; in-12, titre gravé. (*Avec prix*.) — *Id*. Catalogue raisonné de porcelaines du Japon, de la Chine, laques, meubles de Boule, bijoux, etc., provenant du même cabinet. *Julliot*; les deux parties de cette vente célèbre reliées en 1 vol. in-12, v. br. tranche marbrée et dorée. (*Avec prix*.)

1008. KALKBRENNER (Fréd.). Catalogue d'une précieuse collection de tableaux. *F. Laneuville*, 1850; in-8, br. — KAIEMAN. Catalogue d'une belle et riche collection de dessins anciens. *Blaisot*, 1858; in-8, br. (*Première vente*.) — *Id*. 2ᵉ vente, dessins et eaux-fortes. 1859; in-8, br.— *Id*. 3ᵉ vente, dessins. 1859; in-8, br.

Avec *fac-simile* gravés des marques et monogrammes des collections célèbres qu'on retrouve parmi ces dessins.

1009. KHALILL-BEY. Tableaux anciens et modernes (préface de Th. Gautier). *Paris*, 1867 ; in-8, br. (*Prix mss.*)

1010. KOUCHELEFF BESBORODKO. Catalogue de 43 tableaux de maîtres anciens ; vente 7 juin 1869. Gr. in-8, broch.

Avec nombreuses eaux-fortes.

1011. LA COMBE (le colonel). Tableaux et dessins modernes, quelques tableaux et dessins anciens, aquarelles, eaux-fortes, lithographies. *Fr. Petit et Clément*, 1863; in-8, exemplaire gr. pap. br. non rogné. (*Notice biographique sur M. de la Combe, œuvres de Charlet, Géricault. etc.*) — LEFÈVRE-SOYER. Catalogue de tableaux, dessins, gravures. *Loutrel*, 1864 ; in 8, br.

1012. LAFONTAINE (artiste et négociant). Catalogue d'une collection précieuse de tableaux des ·trois écoles. *A.-J. Paillet, an VII* (1799); in-8, br. (*Avec prix et quelq. noms.*)

1013. LAGOY (M. le marquis de). Catalogue de dessins anciens et originaux de toutes les écoles. *Pieri Bénard*, 1834; in-8, br. (*Avec prix.*)

1014. LAPERLIER. Tableaux et dessins du xviiie siècle. Avril 1867. — Galerie Salamanca. Juin 1867; 2 vol. gr. in-8.

1015. L*** (Lapeyrière). Catalogue d'une collection précieuse de tableaux des trois écoles, dessins, aquarelles, bronzes, marbres, tabatières, etc. *Pérignon*, 1817 ; in-8. — *Id.* Catalogue de tableaux précieux et autres objets de curiosité. *Henry*, 1824, in-8. (*Avec prix et noms.*) — *Id.* Notice d'objets d'art et de curiosité faisant suite à la riche collection de tableaux décrits dans le précédent catalogue. — *Id.* Catalogue d'une petite réunion de beaux tableaux des diverses écoles. *Henry*, 1832; in-8, les 4 part. réunies dans un vol. d.-rel.

Cabinet célèbre.

1016. LAPEYRIÈRE. Catalogue de tableaux précieux et autres objets de haute curiosité. *Henry*, 1824; in-8, br. non rog. (*Avec prix et noms.*)

C'est la deuxième vente de ce cabinet célèbre.

1017. LASSUS, architecte. Catalogue de livres, dessins, estampes et tableaux. *Delion*, 1858; in-8, broch.

1018. LAWRANCE. Gallery: 4ᵉ Exhibition, a catalogue of one hundred original drawings by il Parmigiano and by Ant. Corregio. *Woodburn*, 1836; in-8, br. — 5ᵉ Exhibition, Julio Romano, Primaticcio, L. da Vinci, P. del Vaga. *Woodburn*, 1836; in-8, br. (*Avec fac-simile d'une lettre de Sébastien del Piombo.*) — 6ᵉ Exhibition, Ludovico, Agostino et Annibal Carraci. *Woodburn*, 1836; in-8, br. — 7ᵉ Exhibition, Zucchero, Polidoro, Fra Bartolomeo, Andrea del Sarto. *Woodburn*, 1836; in-8, br. — 8ᵉ Exhibition, Albert Durer, Ant. Titian Vecelli. *Woodburn*, 1836; in-8, br.

1019. LEBAS-COURMONT (la comtesse veuve). Catalogue d'une collection précieuse de tableaux des écoles d'Italie, de France, de Flandre et de Hollande, gouaches, dessins, miniatures, marbres, bronzes, etc. *J. Paillet, an III* (1794), in-8, br. (*Avec prix et noms.*)

Superbe vente. Un Alb. Cuyp y est vendu 40,800 fr.; un Wouverman, 40,000 fr., etc.

1020. LE BRUN. Catalogue d'objets rares et curieux des plus beaux choix, tableaux, dessins, antiquités, porcelaines, pierres gravées, etc. 1791; in-8, br. (*Avec prix et noms.*)

Vente extrêmement importante.

1021. LE BRUN. Catalogue d'objets rares et curieux, tableaux, dessins, sculptures, bronzes, porcelaines, etc., provenant de son cabinet. Vente par cessation de commerce. 1806; in-8, broch. (*Avec prix et noms.*)

Belle vente.

1022. Vente d'une collection de tableaux capitaux des 3 écoles, marbres, bronzes, antiquités, etc., provenant de voyages en Italie, en Flandre, en Hollande, etc. 1811 ; in-8, br. (*Avec prix et noms.*)

Catalogue très-intéressant pour sa rédaction.

1023. LENOIR (le chevalier Alexandre). Catalogue des antiquités et objets d'art. *Théret,* 1837 ; in-8, broch.

1024. LENOIR-DUBREUIL. Catalogue de tableaux précieux des trois écoles, d'une réunion du plus grand prix de 27 portraits en émail par le célèbre Petitot, etc. *H. Delaroche,* 1821 ; in-8, br. (*Un assez grand nombre de prix.*)

1025. LEROY (d'Étiolles). Vente de tableaux curieux formant sa galerie. *Febvre,* 1861 ; in-8, br.

1026. LESUEUR. Catalogue d'armes, d'armures et de curiosités. *Poirier,* 1840 ; in-8, br.

1027. LORANGÈRE (Quentin de). Catalogue raisonné de tableaux originaux des meilleurs maîtres de Flandre, d'une très-nombreuse collection de dessins et d'estampes de toutes les écoles, de morceaux de topographie et d'un coquillier. *E. F. Gersain,* 1744 ; in-12, bas. fil. titre gravé, superbe exemplaire, non rogné. (*Avec les prix.*)

Ce catalogue très-bien rédigé, outre des tables alphabétiques, renferme de nombreuses notices biographiques, entre autres celle de Watteau, dont Gersain était l'intime ami.

1028. LUC (le comte du), lieutenant général des armées du roi. Catalogue de tableaux, figures de bronze, vases de marbre, porcelaines, meubles de Boule, etc. *Julliot et Joullain,* 1777 ; in-8, broch. (*Avec prix et noms.*)

1029. MAISON (Mis). Tableaux, objets d'art, etc.; vente 10 à 12 juin 1869.—Prince Napoléon. Vingt-six tableaux de l'école moderne ; vente 4 avril

1868. (*Prix mss.*) — Tableaux et objets d'art de M. D. ; vente 1 à 3 avril 1869. 3 br. in-8.

1030. MAN (Charles de). Catalogue d'une belle collection de tableaux. *Buckmans et P. van Regemorter*, 1816 ; in-8, br.

Vente faite à Anvers. Une note manuscrite du rédacteur, M. Van Regworter, prévient M. Ch. Paillet que le fameux *Chapeau de paille* (de Rubens) ne se vendra pas. En effet il n'est pas porté sur le catalogue.

1031. MAREILLE. Catalogue d'une importante collection de tableaux anciens, etc. *Febvre*, 1857 ; in-8, br. (*Fin de la 1re vente.*) — *Id.* 2e vente. — *Id.* Catalogue d'un grand nombre de dessins de l'école française, Watteau, Boucher, Greuze, Prudhon, Géricault, etc., d'une collection d'esquisses et études peintes et de plus de 4,000 estampes, livres, mss., etc. *Defer*, 1857 ; in-8, br.

1032. MARILHAT, peintre. Catalogue d'une collection de tableaux, études peintes et dessinées d'après nature, meubles, armes, etc. *Schroth*, 1849; in-8, br.

1033. MARMONTEL. Tableaux modernes et aquarelles ; vente 11 à 14 mai 1868. In-8, br. (*Prix mss.*)

1034. MECKLEMBOURG (le baron de). Catalogue de tableaux. *A. Febvre*, 1854 ; in-8, br.

1035. MERIGHI (le major). Catalogue de tableaux des écoles italienne, flamande, espagnole et française. *Laneuville*, 1858 ; in-8, br. — MOZIN, peintre de marine. Tableaux, études d'après nature, dessins, aquarelles exécutées par lui. *J. Petit*, 1865; in-8, br.

Avec notice biographique.

1036. MERVAL (de). Catalogue de tableaux, peintures, aquarelles, bas-reliefs, marbres, bronzes, porcelaines, etc. *Remy*, 1768 ; in-12, br. (*Avec prix et noms.*)

1037. MÉSANGÈRE (de la). Catalogue de son cabinet, contenant une suite de 1,500 portraits à l'huile et à la miniature; quantité de pièces en ivoire sculpté, émaux, laques, etc., plus de 2,000 dessins originaux, dont une partie par MM. Carle et Horace Vernet, etc. *Ch. Paillet*, 1831; in-8, br. (*Quelques prix.*)

Avec notice biographique. Rare.

1038. MEGNIER, peintre, membre de l'Institut. Catalogue des tableaux, dessins, aquarelles, estampes anciennes et modernes, livres d'art et de littérature, etc. *Pierre Bénard*, 1832; in-8, br.— MORISE. Description historique et raisonnée d'une collection de tableaux des écoles italienne, flamande, hollandaise et française, par le chevalier Alex. Lenoir. *Belin*, 1836; in-8, br.

Renseignements curieux sur deux tableaux de Rubens ayant fait partie de la galerie d'Orléans et présentés au roi Louis-Philippe en 1834.

1039. MICHALLON (Achille-Etna), pensionnaire du roi. Catalogue des tableaux, études peintes et dessins exécutés par lui. *Henry*, 1822, in-8, br. (*Prix à la moitié des numéros.*) — MASSIAS (le baron). Catalogue des tableaux de sa galerie. *Laneuville*, 1825; in-8, br. — MOLINOS, architecte. Catalogue des tableaux et dessins de l'école moderne, estampes, vases en marbre, biscuits de Sèvres, modèles de monuments, livres, etc. *Ch. Paillet*, 1831; in-8, br.

1040. MONTCALM DE MONTPELLIER (le marquis de). Catalogue de la seconde et plus importante partie d'une belle collection de tableaux. *F. Laneuville,* 1850; in-8, br. (*Avec prix.*)

Belle collection.

1041. MONTRIBLOUD (de). Catalogue de tableaux, bronzes, vases, marbres, porcelaines, etc. *A. Paillet et Julliot fils,* 1784; in-8, br. (*Avec prix et noms.*)

Belle vente.

1042. MONVILLE (de). Catalogue d'objets d'art et de curiosité de la Renaissance, etc. *Roussel*, 1835; in-8, br. — MAES (Mlle Marie). Catalogue d'une belle collection de tableaux des écoles flamande et hollandaise. 1837; in-8, br.

Vente faite à Gand.

1043. MORET. Catalogue de tableaux anciens provenant de la galerie Fesch. *Febvre*, 1857; in-8, broch.

1044. MORNY. Tableaux précieux des écoles française, flamande et hollandaise; vente 2 et 3 février 1851, figures. — Tableaux; vente 24 mai 1852. (*Prix mss.*) — HOUSSAYE (Ars.). Tableaux et dessins; vente du 22 mars 1854. (*Prix mss.*)— CARRIERA (Rosalba). Pastels, esquisses, miniatures et dessins; vente 31 mars 1856. 4 br. in-8.

1045. MORNY (le duc de). Catalogue des tableaux anciens et modernes, objets d'art et de curiosité. *F. Laneuville, F. Petit, Manheim, Roussel, Malivet, etc.*, 1865; gr. in-8, br. (*Avec prix à tous les tableaux.*)

1046. MOURIAU. Catalogue d'une riche collection de dessins anciens. *Vignères*, 1858; in-8, br.

Nombreux *fac-simile* des dessins; 5 planches de *fac-simile* de monogrammes.

1047. MUILMAN (Henri), seigneur de Haamstede. Catalogue de son cabinet de tableaux. *Ph. van der Schley*, 1813; in-8, br. (*Avec prix et noms.*)

Belle vente faite à Amsterdam.

1048. MURE (de la). Catalogue des dessins précieux des trois écoles, porcelaines, bustes de marbre, meubles de Boule, bijoux, etc. *A. Paillet*, 1790; br. (*Prix et noms à la plus grande partie des numéros.*)

1049. NAIGEON, membre de l'Institut. Catalogue d'une collection d'estampes rares et précieuses. *Bénard*, 1810; in-8, br. — NORBLIN (L.-P.-M.).

Catalogue de dessins, estampes, tableaux, livres et autographes. *Guichardot et Manheim*, 1855 ; in-8, br. (*Avec notice biographique.*)— *Id.* Supplément. Catalogue des dessins des écoles française, hollandaise et italienne. *Guichardot*, 1855 ; in-8, br.

1050. NANTEUIL. Catalogue des trois écoles, dessins, gouaches, estampes, terres cuites porcelaines, etc. *A.-J. Paillet*, 1792 ; in-8, br.

1051. ORANGE (monseigneur le prince d'). Catalogue d'une partie de son superbe cabinet de tableaux. *La Haye, Pierre Terwesten*, 1770; in-8, br.
Catalogue en français et en hollandais. Collection remarquable.

1052. ORLÉANS (le feu prince royal d'). Catalogue de tableaux modernes composant sa galerie. *Defer*, 1852; in-8, br. (*Avec prix et noms.*)

1053. OTTLEY (auteur de : The History of engraving, etc.). Catalogue of the very valuable and extensive collection of engravings, etc. 1837; gr. in-8, br.

1054. PAIGNON-DIJONVAL. État détaillé et raisonné des dessins et estampes composant son cabinet, par *Bénard*, 1810 ; in-4 à 2 colonn. d.-rel.
Bel exemplaire du catalogue de cette immense collection.

1055. PEREIRE. Tableaux anciens ; vente 3o et 31 janvier 1868.—CEPERO (Lopez). Tableaux anciens ; vente 14 février 1868. — ROEHN (Adolphe). Tableaux anciens et curiosités ; vente 2 au 6 mars 1868.— GRAY (James), Tableaux anciens ; vente 3o et 31 mars 1868. — RINECKER. Tableaux anciens ; vente 3o et 31 mars 1868. — 5 vol. in-8.

1056. PROUSTEAU, capitaine des gardes de la ville. Catalogue de tableaux originaux des trois écoles ; bronzes, estampes, figures, groupes, porcelaines, etc., par *Remy*. 1769; in-12, br. (*Avec prix et noms.*)

1057. PATUREAU (Théodore). Catalogue d'une belle collection de tableaux anciens des écoles flamande, hollandaise et française. *Estienne Le Roy*, 1857; in-4, br. 12 lithogr. (*Avec prix.*)

Exemplaire d'amateur, grand format.

1058. PERREGAUX (le comte), pair de France. Catalogue raisonné de tableaux de diverses écoles, par *George*, 1841; in-8, br. (*Avec prix.*)

Magnifique collection.

1059. PETERS (Mme de). Catalogue de tableaux de grands maîtres des trois écoles, par *Le Brun*. 1787; in-12, br. non rogné.

1060. POULLAIN, receveur gén. des domaines du Roi. Catalogue raisonné des tableaux, dessins, estampes, bronzes, marbres, etc.; suivi d'un abrégé historique de la vie des peintres, par *Le Brun*. 1780; in-8. br. (*Avec prix et noms.*)

Très-belle vente.

1061. POURTALÈS-GORGIER (de). Collections : 1re partie, Tableaux ; 2e partie, Antiquités ; 3e partie, Sculpture, émaux, etc. 1841; 3 vol. in-8, br.

Ces trois volumes, rédigés par *J.-J. Dubois*, très-rares, n'ont point été mis dans le commerce et étaient distribués par M. Pourtalès à ses amis.

1062. POURTALÈS-GORGIER (de). Vente. Tableaux anciens et modernes, dessins. *F. Laneuville*, 1865; in-8, br. — *Id.* Objets d'art. — *Id. Roussel et Mannheim.*

1063. PROUSTEAU. Catalogue de tableaux originaux des trois écoles, bronzes, estampes, etc., par *P. Remy. Paris,* vente : 1769, in-12, broché. (*Avec les prix et les noms des acquéreurs.*)

1064. PROUSTEAU DE MONTLOUIS. Catalogue d'une collection de tableaux, parmi lesquels la Madeleine de Greuze, des sujets mythologiques de Boucher, etc. *Defer et Laneuville,* 1851; in-8, br. — POTERLET, ancien chef de bureau. Catalogue de dessins anciens et modernes, estampes, lithographies, curiosités, etc. *Defer*, 1841 ; in-8, br. — PERRIER, architecte. Notice de dessins, modèles d'orfévrerie, estampes, porcelaines peintes, etc. *Vignon*, 1859; in-8, br. — PERIGNON (Alexis). Catalogue d'une jolie collection de tableaux anciens et modernes, études, esquisses et copies d'anciens maîtres, bronzes, curiosités. *Schroth*, 1853, in-8, br. (*Prix.*) — PERIGNON. Catalogue de tableaux, compositions, études d'après nature, copies, etc. *F. Laneuville*, 1853, in-8, br.

1065. QUATREMÈRE DE QUINCY. Catalogue d'objets d'art, antiquités égyptiennes, grecques et romaines, vases grecs, bronzes, marbres, bustes de Canova, *Defer*, 1850 ; in-8, br.

1066. QUEDEVILLE. Catalogue de la rare et précieuse collection de tableaux italiens, flamands, allemands et français des xiiie, xive, xve et xvie siècles, manuscrits, miniatures, émaux, bijoux, etc. *François*, 1852, gr. in-8. br.

1067. RAFFET, peintre. Catalogue de dessins, aquarelles, études peintes et croquis faits par lui. *F. Petit*, 1860, in-8, br. — *Id.* Catalogue d'estampes anciennes et modernes d'artistes, lithographies et eaux-fortes rares, exécutées par ou d'après lui. 1860; in-8, br.

Avec notice biographique.

1068. RANDON DE BOISSET. Catalogue de tableaux précieux des maîtres célèbres des trois écoles, dessins, estampes, marbres, bronzes, etc., par *P. Remy*, 1777, in-12, v. br. fil.

Très-bel exemplaire, *avec prix, noms des acquéreurs, et quantité de notes et d'observations curieuses sur les objets mis en vente.*
Notice biographique par M. de Sireuil, ami de M. de Randon.

1069. RATTIER. Catalogue des objets d'art et de haute curiosité. *Mannheim et Rollin*, 1859; in-8, br.

1070. REBILLOT (le général). Catalogue de livres et estampes en partie relatifs à l'histoire de France et de Paris. *Potier,* 1856; in-8, br. — RICHARD (Théodore), peintre. Catalogue de tableaux anciens et modernes, études, dessins, gravures, etc. *Horzin-Déon,* 1858, in-8, br.

Avec notice biographique.

1071. RÉVIL. Catalogue d'une collection d'estampes anciennes et modernes, par *Pieri-Bénard,* 1830; in-8, br. pl. gravées. (*Avec prix.*)

Collection célèbre.

1072. RHONÉ (Evrard). Catalogue d'une riche et belle collection de tableaux anciens et modernes des écoles hollandaise, flamande et française. *Et. Leroy et F. Laneuville,* 1861; in-8, br. — *Id.* Catalogue d'objets d'art et de curiosité, tabatières, miniatures, bijoux, ivoires, bronzes, marbres, etc. *Mannheim,* 1861; in-8, br.

1073. RIGAL (le comte). Catalogue raisonné d'estampes, par *Regnault Delalande.* 1817; in-8, d.-rel. mar. rouge, chiffres.

1074. RIOU. Notice d'une collection de tableaux de différents maîtres des écoles flamande et française. *Ch. Paillet,* 1816; in-8, br. (*Prix.*)

1075. ROBERT DE SAINT-VICTOR. Catalogue d'une riche collection de tableaux des trois écoles, bronzes égyptiens, antiques, miniatures, tabatières, diamants, bijoux, médailles grecques et romaines, etc. *Pierre Roux,* 1822; in-8, d.-rel. (*Avec prix et noms.*)

Superbe vente.

1076. ROBERT–DUMESNIL. Catalogue des estampes allemandes, flamandes, hollandaises et anglaises. 1837; in-8, br. — *Id.* Catalogue des estampes des écoles d'Italie et d'Espagne, et de dessins des diverses écoles, 1838; in-8, br. (3e vente.)

1077. ROBINSON (J.-C.). Tableaux et dessins anciens; vente 7 et 8 mai 1868. — BLAISEL (marquis du). Tableaux anciens; vente 25 mai 1868. —AQUILA (comte d'). Tableaux modernes, aquarelles; vente 21 et 22 février 1868. — NARISCHKINE (B.). Tableaux anciens et modernes; vente 4 mai 1868. — 4 cahiers in-8, broch.

1078. ROCHARD (Fr.-Théod.). Catalogue de son cabinet de tableaux anciens des écoles flamande, hollandaise et française, d'objets d'art et de curiosités. *Et. Le Roy, Bruxelles,* 1858.

Avec 10 lithographies exécutées par M. Rochard.

1079. ROEHN (Alphonse), peintre. Catalogue de tableaux anciens et modernes de différentes écoles, dessins, gravures, etc. *Horsin Déon.* 1865; in-8, br. (*Avec biographie.*) — RADZIWILL (le prince). Catalogue de tableaux anciens. *J. Laneuville,* 1865; in-8, br.

1080. ROGER (le baron). Catalogue d'une belle collection de dessins anciens et modernes, tableaux, estampes, gouaches, etc. *Defer et Mannheim,* 1841; in-8, br.

1081. ROHAN-CHABOT. Notice des dessins, gouaches, estampes, statues, vases précieux, marbres, etc. *A. Paillet,* 1807; in-8, br.

1082. ROLLAND, ancien marchand d'estampes et de dessins du cabinet du roi. Catalogue de tableaux, dessins, estampes et objets de haute curiosité. *Ch. Paillet,* 1830; in-8, br.

1083. ROQUE (le chevalier de la). Catalogue raisonné de tableaux, dessins, estampes, bronzes, marbres, porcelaines, laques, pierres gravées, etc. *E.-F. Gersaint,* 1745; in-12, titr. grav. v. br.

Belle collection. Catalogue intéressant, comme tous ceux rédigés par Gersaint.

1084. ROTTIER. Catalogue d'une très-belle collection de tableaux, dessins, médailles, bronzes, ivoires, marbres, etc. *Gand, de Porre et Verhulst;* in-8, br. pl. gravée. — RUTHIEL, sculpteur. Catalogue abrégé d'une intéressante collection de bronzes anciens, antiquités égyptiennes, grecques, romaines, sculptures antiques, etc. *Roussel,* 1837, in-8, br. — *Id.* Catalogue abrégé d'une belle collection de dessins anciens, tableaux de l'Italie lombardo-vénitienne, etc. *Remoissenet,* 1837 ; in-8, br.

1085. ROUILLARD, peintre. Catalogue de tableaux anciens et modernes, esquisses, ébauches, études, etc., gravures, lavis, etc. *Defer,* 1852, in-8, br. — RENOUARD (Jules). Catalogue de tableaux modernes dont 15 par Horace Vernet et Hersent, pour les œuvres de Molière, dessins par Prud'hon, Girodet, etc. *Defer,* 1855, in-8, br.

1086. ROUSSEAU (Théodore). Peintures, tableaux, ébauches, esquisses, etc. ; vente 27 avril et jours suiv., in-8, br.

1087. ROUX. Catalogue d'une collection de tableaux des trois écoles, etc., *Le Brun,* 1811, in-8, br. (*Prix.*)

1088. SAINT, peintre miniaturiste. Catalogue d'une belle collection de tableaux anciens et modernes des écoles française, flamande et hollandaise, dessins, estampes, etc. *Defer,* 1846, in-8, br.

Collection intéressante, où se trouvaient beaucoup d'ouvrages de Watteau, Fragonard, Boucher, Prudhon, et de belles miniatures de Hall.

1089. SAINT-ALBIN. Catalogue de la première partie de la collection de tableaux anciens de diverses écoles et de portraits historiques. *François,* 1849 ; in-8, br. — SEBASTIANI (le maréchal). Catalogue d'un riche mobilier, porcelaines d'ancien Sèvres et de Saxe, vases de porphyre, bronzes, meubles de Boule, de Riefener, etc. *Defer et Roussel,* 1851 ; in-8, br.

1090. SALERNE (S. A. R. le prince de). Catalogue d'une très-belle et très-célèbre galerie de tableaux et d'une collection d'antiquités. *Naples*, 1852 ; in-8, br. — SIEBEL, D'ELBERFELD. Catalogue de 25 tableaux. *George*, 1852 ; in-8, br. — SPRICKMANN KERKERINCK (le professeur). Catalogue d'une collection considérable d'estampes, eaux-fortes, gravures sur bois, etc. (en allemand). *Leipsig*, 1853 ; in-8, br.

1091. SCHAMP D'AVESCHOTT. Catalogue des écoles flamande, hollandaise, française, espagnole. *Gand, Van Regemorter*, 1840 ; in-8, br. (*Avec prix et noms.*)

1092. SCHRIECK (Van den). Catalogue d'une riche et nombreuse collection de tableaux anciens et modernes des écoles flamande, hollandaise, allemande, dont la vente aura lieu à Louvain. 1861 ; in-4, br.

Édition illustrée de 15 lithographies fort bien exécutées par M. *W. Le Roy*, d'après les tableaux principaux de la galerie. Il existe une édition de ce catalogue in-8 et sans lithographies.

1093. SEYMOUR (lord H.). Catalogue de tableaux anciens et modernes. *F. Laneuville et Couteaux*, 1866 ; in-8, br. (*Prix.*)

Vente très-importante.

1094. SHREWSBURY (the earles of). Catalogue of the magnificent contents of Alton Fowers the princely seat of the earles of Shreswsbury. *Christie et Manson*, 1857 ; in-8, cartonné à l'anglaise.

Immense collection de tableaux, dessins, gravures, livres, armures, meubles, curiosités, médailles, etc., qui remplissaient la résidence d'Alton Fowers.

1095. SILVESTRE. Catalogue raisonné d'objets d'art, tableaux, dessins, estampes. *Regnault Delalande*, 1810 ; in-8, d.-rel. m. roug. chiffr.

1096. SIMON. Catalogue raisonné d'une collection de dessins, estampes, livres à figures, portraits peints, avec préface par *M. Faucheux. Clément*, 1862 ; in-8. br.

1097. SIREUL (de). Catalogue de tableaux et dessins précieux. *Boileau*, 1781 ; in-8, br. (*Avec tous les prix et beaucoup de noms d'acquéreurs.*)

Catalogue très-curieux pour l'œuvre de Boucher, dont M. Sireul était l'ami. On trouve ici la description de plus de 200 dessins de cet artiste.

1098. SIVRY (le marquis de). Catalogue de tableaux des écoles italienne, flamande, française, provenant d'une collection formée à Venise. *George*, 1853; in-8, br. — HOLBERG (le comte André). Catalogue d'une célèbre collection de tableaux qui composaient autrefois la galerie de feu M. le comte de Brabeck. *Ch. Rumpler, Hanovre*, 1859; in-8, br. — SAUVAGEOT. Catalogue d'objets d'art, curiosités, tableaux, dessins et miniatures. *Roussel et Laneuville. Clément*, 1860; in-8, br.

1099. SMETH VAN ALPHEN (Pieter de). Catalogue de son cabinet, composé de tableaux hollandais. *Amsterdam*, 1810; in-8, cart. (*En hollandais. Exemplaire interfolié avec prix et noms.*)

Catalogue rare d'une vente très-importante. (Total de la vente : 185,159 fl.)

1100. SOLTYKOFF. Ordre de vacation des quatre ventes de cette collection. 1861; in-8, br. — *Id.* Catalogue des objets d'art et de haute curiosite, etc. *Roussel, Caran, Juste*, 1861 ; in-8, br. 1 planche gravée.

Vente célèbre.

1101. SOMMARIVA (le comte de). Catalogue de la galerie de tableaux des écoles d'Italie, française, pierres gravées antiques et modernes; marbres, la Madeleine de Canova, etc. *Ch. Paillet*, 1839; in-8, br. (*Prix à presque tous les tableaux.*)

1102. SOULT, duc de Dalmatie (le maréchal). Vente aux enchères de sa magnifique galerie. *George et Laneuville*, 1852; in-8, br.

C'est une Notice abrégé en attendant le Catalogue raisonné de la collection.

— *Id.* Catalogue raisonné des tableaux de la galerie. *George et Laneuville*, 1852; in-8, br. (*Avec l'or-*

dre de vacation et les prix à chaque numéro.) —
Id. Catalogue des tableaux restants de la galerie.
Sans date ; in-8, br.

Cette vente fut faite à l'amiable.

1103. SOULT. Vente, 17 avril 1867. — Galerie
Pommersfelden, à M. le comte de Schœnborn,
mai 1867; 2 vol. in-8. (*En partie les prix.*)

1104. TALLARD (le duc de). Catalogue raisonné
des tableaux, sculptures, marbres, bronzes, dessins, estampes des plus grands maîtres, etc. *Remy
et Glomy,* 1756; in-12, veau fauve, fil. tr. dor.
(*Avec prix et noms des acquéreurs.*)

Réflexions, notes, renseignements des plus curieux, écrits entièrement par
le célèbre P. Mariette. Ces annotations sur chaque objet mis en vente se-
raient dignes de l'impression et formeraient un appendice extrêmement intéressant à la magnifique vente Tallard.

1105. TERRAY (l'abbé), ministre d'Etat. Catalogue
d'une très-belle collection de tableaux, sculptures, marbres, bronzes, meubles de Boule, etc.
F.-C. Joullain fils, 1778; in-8, br. (*Avec prix et
noms.*)

1106. THELUSSON. Catalogues de tableaux et autres effets. *Folliot,* 1777 ; in-8, br. (*Prix à presque tous les tableaux.*)

1107. THIBAUDEAU (le comte). 2ᵉ vente. Catalogue
de tableaux anciens de diverses écoles. *Laneuville,*
1857; in-8, br. — *Id.* 3ᵉ vente, *id., id.,* dessins
Ch. Le Blanc. — *Id., id.* 4ᵉ vente, *id., id.,* livres
et manuscrits. *Potier.* — *Id., id.* 5ᵉ vente, *id., id.,*
dessins. *Ch. Le Blanc.*

1108. THIBAULT, peintre, membre de l'Institut.
Catalogue de tableaux, dessins, estampes et livres.
Ch. Paillet, 1826; in-8, br. — TIEPOLO, peintre
vénitien. Catalogue d'une collection d'estampes
anciennes, livres sur les sciences et les arts, dessins anciens. *Defer,* 1845; in-8, br. — THEVE-
NIN. Catalogue d'une belle collection de tableaux
anciens et modernes, miniatures, aquarelles et

dessins. *Schroth*, 1851; in-8, br. — THIÉNON (Claude et Louis), peintres. Catalogue d'une collection de tableaux, études peintes et aquarelles d'après nature. *Schroth*, 1853; in-8, br.

1109. TONDU (Eugène). Catalogue d'une importante collection de tableaux anciens et de quelques-uns de l'école moderne. *Febvre*, 1865; in-8, br. — *Id.* Dessins anciens et modernes. *Id., id.* — *Id.* Objets d'art et de curiosité. *Id., id.*

Grand nombre de miniatures.

1110. TORCY (le comte de). Catalogue d'une collection de tableaux anciens des écoles italienne, flamande, hollandaise et française. 1857, in-8, br. 3 pl. lithogr.

1111. TOUR DAIGUES (de la), officier aux gardes françaises. Catalogue des diverses curiosités consistant en tableaux, dessins, estampes des plus grands maîtres, bijoux, etc. *J. Basan*, 1777; in-8, br.

1112. TYSSEN (Samuel). A Catalogue of the valuable and extensive collection of english portraits. *Leigh, Sotheby and Son*, 1812; in-8, br.

Catalogue important pour les collectionneurs de portraits, des estampes de Hollar, Van Dyck, etc.

1113. URSEL (le duc d'). Catalogue raisonné d'estampes. *P. Bénard*, 1806; in-8, br.

1114. VALARDI (Giuseppe). Catalogo di quadri, dallo stesso descritti e illustrati con breve annotazioni. *Milano*, 1830; in-8, br.

Catalogue important.

— *Id.* Catalogue de tableaux anciens, fresques et dessins des écoles italienne et flamande. *F. Laneuville*, 1857; in-8, br.

1115. VALLÉE-DESNOYERS, avocat. Notice de tableaux des trois écoles, notamment de celle d'Italie. *H. Delaroche*, 1819, in-8, br. (*Avec prix.*)

1116. VARANGE (le baron de). Catalogue d'une précieuse collection de tableaux anciens et modernes des écoles française, flamande et hollandaise. *F. Laneuville*, 1852; in-8, br. — *Id.* Catalogue d'une précieuse collection de tableaux anciens et modernes, miniatures, gravures, tabatières, bijoux, etc. *F. Laneuville*, 1853; in-8, br.

1117. VASSAL DE SAINT-HUBERT, ancien fermier général, etc. Catalogue de tableaux, dessins, estampes, miniatures, pastels, bronzes, porcelaines, laques, bijoux, etc. *Pierre Rémy*, 1783; in-12, br. (*Avec prix.*)

1118. VENCE (le comte de). Catalogue des tableaux composant son cabinet. 1759; in-8, br.

Avec un beau portrait dessiné par Cochin fils, gravé par Watelet, en 1752.

1119. VAUDREUIL (le comte de), grand fauconnier de France. Catalogue raisonné d'une très-belle collection de tableaux des trois écoles d'Italie, de Flandre et de Hollande. *Le Brun*, 1784; in-8, br.

Catalogue très-rare et très curieux. Plus de 3o tableaux fort importants des écoles flamande et hollandaise, faisant partie de cette riche collection, ont été acquis par le roi Louis XVI et se trouvent maintenant au musée du Louvre.

1120. VERSTOLK DE SOELEN (Jean Gisbert). Catalogue d'un œuvre magnifique de Rembrandt et des artistes de son école, F. Bol, J. Liévens, Van Vliet, etc. *Amsterdam, Brondgeest*, 1847; in-8, broch.

1121. VÈZE (le baron Charles de). Catalogue d'une curieuse collection de tableaux des diverses écoles, italienne, allemande, flamande et hollandaise, et principalement de l'école française du xviiie siècle. *François et Vignères*, 1855; in-8, br. non rogné.

Avec notice biographique.

1122. VIARDOT (Louis). Catalogue de tableaux anciens et de dessins. *F. Laneuville*, 1863, in-8, br.

— VILLESTREUX (le baron de la). Catalogue d'objets d'art, de curiosités, verres de Venise, porcelaines, faïences, etc. *Mannheim*, 1865; in-8, br.

— VÉRON. Collection de tableaux et dessins anciens et modernes. *F. Petit*, 1858; in-4, br.

1123. VIEN, sénateur, comte de l'empire, ancien premier peintre du roi, etc. Catalogue des tableaux, dessins, estampes composant son cabinet. *Al. Paillet*, 1809; in-8, br. (*Avec prix et noms.*)

1124. VIGNERON DE LA HAYE. Catalogue d'une belle collection de tableaux anciens des écoles italienne, espagnole, flamande et française. *J. Laneuville*, 1853; in-8, br.

1125. VISCHER DE BALE (Pierre). Catalogue des livres d'heures, dessins et estampes. *Ch. Le Blanc*, 1852; in-8, br.

Avec notice biographique par Ch. Le Blanc.

1126. VISSERS (Mme veuve). Catalogue d'excellents tableaux originaux des peintres de la Belgique, estampes, etc. *Gand, de Porre et Verhulst*, 1838; in-8, br.

1127. VLASSOFF (M. le chambellan de). Catalogue des tableaux, estampes, livres, pierres gravées, bronzes, marbres, porcelaines, etc., dont, par permission suprême, on a formé une loterie. *Moscou*, 1826; in-8, br.

1128. WALPOLE (Horace). Catalogue of the classic contents of Strawberry Hill. 1842; in-4, br. fig. sur bois, portr. lith. de H. Walpole.

Vente célèbre par le nombre et le choix des objets réunis à Strawberry Hill, demeure princière de Walpole.

1129. WURTEMBERG (S. A. R. le prince Paul de). Catalogue d'une précieuse collection de tableaux des écoles italienne, espagnole, flamande et française. *F. Laneuville*, 1852; in-8, br. (*Avec prix.*)

1130. ZANDE (Van der). Catalogue d'une riche collection d'estampes et de dessins. *Guichardot*, 1855;
gr. in-8, br.

2. *Catalogues anonymes.*

1131. Catalogue d'une très-belle collection de tableaux de maîtres très-renommés des différentes
écoles rassemblés par un artiste (Le Brun). *P. Remy*,
1773; in-12, br. (*Avec noms et prix.*)

1132. Catalogue des tableaux, figures de bronze,
marbres, terres cuites, par le Quesnoy, porcelaines du cabinet de M*** (Vacal de Saint-Hubert).
P. Remy, 1773; in-12, br. (*Avec noms et prix.*)

1133. Catalogue de tableaux originaux des plus
grands maîtres des trois écoles, du cabinet de
M. C. D***. *Joullain*, 1774; in-8, br. (*Avec noms et
prix.*)

1134. Catalogue d'une belle collection de tableaux
originaux des trois écoles, gouaches, marbres,
bronzes, porcelaines, camées, etc. (du cabinet de
M. ***) (Frouchu). *Le Brun*, 1780; in-8, br. (*Avec
prix et un assez grand nombre de noms.*)

1135. Catalogue de tableaux peints par des maîtres
renommés des trois écoles. *Pierre Remy* (vente de
Jollin, marchand de tableaux), 1781; in-12, br.
Avec noms et prix.)

1136. Catalogue des tableaux des trois écoles, dessins, estampes, marbres, bronzes, porcelaines,
laques, etc., du cabinet de M. D***. *Le Brun*, 1781;
in-8, br. (*Avec prix et noms.*)

1137. Catalogue d'une belle collection de tableaux
des écoles d'Italie, de Flandre, de Hollande et de
France, dessins de différents maîtres, bronzes,
pendules, meubles, tabatières, laques, etc., provenant du cabinet de M*** (de Nogaret). *Le Brun*,
1782; in-8. (*Avec prix et noms.*)
Belle vente.

1138. Catalogue de tableaux de bons maîtres, gouaches, dessins, estampes, meubles de Boule, pendules, porcelaines distinguées, etc., du cabinet de M. *** (M. Boisset-Dailly). *P. Remy*, 1783; in-12, br. (*Avec prix.*)

1139. Catalogue d'une belle collection de tableaux des écoles de Flandre, de Hollande et de France, gouaches, dessins, estampes, marbres, bronzes, etc. *Le Brun*, 1784; in-8, br. (*Prix et noms à la plupart des objets.*)
Belle vente.

1140. Catalogue de dessins des trois écoles, gouaches, miniatures, estampes, bronzes, porcelaines, curiosités du cabinet de M. ***. *Le Brun le jeune*, 1785; in-8, br.

1141. Catalogue de tableaux des écoles d'Italie, de Flandre, de Hollande et de France, gouaches, miniatures et autres objets provenant du cabinet de M. de P*** (Pille). *Le Brun*, 1785; in-8, br. (*Avec prix.*)

1142. Catalogue de tableaux des trois écoles, dessins des peintres les plus célèbres, 40 portefeuilles d'estampes, 300 pierres gravées, antiquités modernes, porcelaines, laques, le tout du cabinet de M. de S. M. (Maurice). *A.-J. Paillet et A. Milliotti*, 1785; in-8, br. (*Avec prix et noms.*)
Vente considérable.

1143. Catalogue des tableaux des écoles d'Italie, de Flandre, de Hollande, de France, gouaches, terres cuites, marbres, bronzes, porcelaines du Japon, etc., provenant d'un cabinet connu. *Le Brun*, 1786; in-8, br. (*Prix et noms à un assez grand nombre de numéros.*)

1144. Catalogue d'une collection précieuse de tableaux des écoles d'Italie, de France, de Flandre et de Hollande, venant de l'étranger. *A.-J. Paillet*, 1786; in-8, br. (*Avec noms et prix.*)
Vente *Berthglen*, très-importante.

1145. Catalogue des tableaux des trois écoles, quelques morceaux à gouache et dessins de bons maîtres, pendule, etc., du cabinet de M. B*** (vente de MM. Masso et Benoît). 1786; in-8, br. (*Avec prix et noms.*)

1146. Catalogue d'une belle collection de dessins des trois écoles. *Constantin,* 1787; in-8, br. non rogné.

1147. Catalogue d'une belle collection de dessins des trois écoles, vases, figures de marbre antiques, fûts de colonnes, quelques beaux tableaux, bagues, pierres gravées, etc.; le tout provenant de plusieurs cabinets célèbres (vente du duc de Chabot et de M. Desmarest). *Paillet,* 1787; in-8, br. (*Quelques prix.*)

1148. Catalogue d'objets curieux consistant en tableaux des trois écoles, dessins, gouaches, émaux par le célèbre Petitot, marbres, vases de porcelaine du Japon, pierres gravées, etc. *A.-J. Paillet,* 1790; in-8, br. (*Avec prix.*)

1149. Catalogue de tableaux des écoles d'Italie, française, flamande et hollandaise, la plus grande partie venant de l'étranger. *A.-J. Paillet,* 1790; in-8, br. (*Avec prix à tous les numéros et grand nombre de noms d'acquéreurs.*)

1150. Catalogue d'une précieuse collection de tableaux des grands maîtres des écoles françoise, flamande, hollandoise et allemande, gouaches, dessins, figures, bronzes, porcelaines, meubles de Boule, etc., provenant des cabinets réunis de MM. ***. *A.-J. Paillet,* 1793; in-8, br. (*Avec prix et noms.*)

1151. Catalogue d'une belle collection de tableaux de l'école française, formée par les soins du citoyen G***. *Constantin, an II* (1794); in-8, br. (*Avec prix et noms.*)

1152. Catalogue d'une précieuse collection de tableaux des écoles flamande et hollandaise composant la totalité du cabinet de M*** (Gérard St-Maurice). *A. J. Paillet, an V* (1797). (*Avec prix et noms.*)

1153. Catalogue de tableaux des trois écoles provenant de différents cabinets d'amateurs, belle pendule, modèle des liseuses, vermeil, montres, perles, etc. *Paillet et H. Delaroche, an VII* (1799); in-8, br. (*Prix et noms à la moitié des numéros.*)

1154. Catalogue de dessins précieux anciens et modernes de toutes les écoles, d'estampes d'anciens maîtres, recueillis par un artiste professeur d'une école départementale (M. Jay, professeur à Grenoble). *G.-F. Constantin, an XII* (1804); in-8, br. (*Avec noms et prix.*)

1155. Catalogue d'une belle collection de tableaux des trois écoles et de différents articles précieux, composant le cabinet de M. L. *A. Paillet et H. Delaroche, an XIII* (1805). (*Avec prix et noms.*)

1156. Notice de tableaux des trois écoles, groupes, statues équestres, figures, médailles, bronzes et meubles de Boule, curiosités, etc., le tout provenant et faisant suite au mobilier de M. *** (Decoste). *A. Paillet, an XII* (1804); in-8, broch. (*Prix et noms.*)

1157. Notice de tableaux des différentes écoles, figures et groupes en bronze, curiosités en agate, etc., le tout provenant du cabinet de M. F*** (Fouquet). *A. Paillet, an XIII* (1805); in-8, br. (*Avec prix.*)

1158. Catalogue de tableaux par différents maîtres des trois écoles, figures et bustes en marbre, ouvrage antique, vases étrusques, lampes, patères, etc., composant le cabinet de M *** (Mlle Henry). *H. Delaroche*, 1807; in-12, br. (*Avec prix.*)

1159. Catalogue d'une réunion précieuse de tableaux par les plus grands maîtres des écoles romaine, florentine, vénitienne, etc., rédigé par *A. Paillet*. *H. Delaroche*, 1808; in-8, br. (*Vente au Mont-de-Piété. — Avec prix.*)

1160. Catalogue d'une collection de tableaux, dessins, gouaches, aquarelles, estampes, etc., par différents peintres et autres artistes de notre école moderne. *H. Delaroche*, 1810; in-8, br. (*Avec prix et noms.*)

1161. Catalogue d'une belle collection de tableaux des maîtres les plus célèbres, hollandais, flamands, italiens et français, par le courtier Jean-Edouard Waterham. *Amsterdam*, 1812; in-8, br.

1162. Catalogue d'une précieuse collection de tableaux des trois écoles la plupart capitaux et du meilleur choix. *Henry*, 1813; in-8, br. (*Avec prix et quelq. noms.*)

Belle vente.

1163. Catalogue d'une collection de tableaux des écoles d'Italie. *H. Delaroche*, 1813; in-8, br. (*Avec prix et noms.*)

1164. Catalogue d'une nombreuse collection de tableaux des trois écoles, dessins, bronzes, marbres, vases, meubles de Boule, tapisseries des Gobelins, etc. *M. Roux*, 1814; in-8, br. (*Avec prix.*)

1165. Catalogue d'une collection de tableaux des trois écoles rassemblés avec autant de goût que de dépenses, par M. D. B*** (Besnard). *H. Delaroche*, 1816; in-8, br. (*Avec prix.*)

1166. Catalogue de tableaux des trois écoles composant la collection de M.*** (Pommier et Dubois). *Delaroche*, 1816; in-8, br. (*Avec prix.*)

1167. Catalogue d'une collection de tableaux des trois écoles provenant du cabinet de M. C. (Cons-

tantin). *A. Pérignon*, 1816 ; in-8, br. (*Avec prix
et noms.*)

1168. Catalogue d'une collection précieuse de ta-
bleaux des trois écoles composant le cabinet de
M. *** (de Catelan). *Laneuville*, 1816 ; in-8, br.
(*Avec prix.*)

Belle vente.

1169. Catalogue d'une précieuse collection de tableaux italiens, flamands et français, la plupart
formant le cabinet de M. le lieut. gén. baron Th.
(Thiébault). *Henry*, 1817 ; in-8, br. (*Avec les prix
et quelques noms.*)

1170. Catalogue d'une précieuse collection de tableaux des écoles d'Italie, de Hollande et de
France, et de l'école française moderne, bronzes,
porcelaines, etc., formant la réunion des deux
cabinets de M. D*** et de M. de B*** (Bertinval).
Ch. Paillet, 1818 ; in-8, br. (*Avec prix et noms*).

1171. Catalogue d'une nombreuse et intéressante
collection de tableaux de toutes les écoles recueillis en pays étrangers, par M. le comte de L.
(La Forest). *Laneuville et Henry*, 1821 ; in-8, br.
(*Avec prix et noms.*)

1172. Catalogue d'une riche et nombreuse collection de tableaux presque tous des écoles d'Italie,
quelques productions espagnoles, flamandes et
françaises. On y remarque des ouvrages capitaux
rares et classiques des xiii°, xiv°, xv° et xvi° siècles, par les premiers maîtres, etc., rédigé par
P. Roux (du Cantal). 1823; in-8, br.

Avec notices, tables alphabétiques, etc.

1173. Catalogue d'une magnifique collection de tableaux des plus grands maîtres des écoles italienne, espagnole, flamande, allemande ; lesquels
proviennent des galeries les plus célèbres de Madrid, Séville, Valence, et autres. *Laneuville*, 1825;
in-8, br.

1174. Catalogue d'une magnifique collection de ta·
bleaux de premier ordre des maîtres les plus dis-
tingués des écoles italienne, espagnole, hollandaise, flamande et française, accompagné d'un
choix également très-précieux de mss. et de livres
imprimés sur vélin. *Leroux et Laneuville*, 1825 ;
in-8, br.

1175. Catalogue d'une collection intéressante de tableaux des trois écoles et d'objets d'art. *Pérignon*,
1826 ; in-8, br. (*Avec un grand nombre de prix.*)

1176. Catalogue de la collection de tableaux provenant du cabinet de M. B***, se composant à peu
près de l'œuvre complète de M. le baron Gros, tels
que le combat de Nazareth, la peste de Jaffa, la
bataille d'Aboukir, le champ de bataille d'Eylau,
portraits de l'impératrice Joséphine, de Murat, etc.
Henry, 1828 ; in-8, br.

Ce catalogue renferme des renseignements très-curieux sur chacun des
tableaux, notamment sur la bataille de Nazareth, les Pestiférés de Jaffa, etc.

1177. Catalogue de tableaux et dessins modernes,
provenant du cabinet de M. d'H***. *Vivet*, 1830 ;
in-8, br. (*Quelques prix.*)

Dessins remarquables de Rowington, Delacroix, etc.

1178. Catalogue d'une collection de tableaux anciens et modernes en grande partie des écoles
flamande et hollandaise, et d'une réunion de curiosités très-variées. *Bon et Montfort*, 1832 ; in-8,
broch.

1179. Vente d'une belle collection de tableaux et
de curiosités ; on remarquera la célèbre suite de
vingt tableaux des Amours de Daphnis et Chloé,
peints par Philippe d'Orléans, régent, etc. *Roux
(du Cantal)*, 1833 ; in-8, br.

1180. Catalogue d'une jolie collection de dessins
anglais et français provenant du cabinet de M. W.
(Web). *Schroth*, 1834 ; in-8, br.

1181. Catalogue raisonné de la rare et précieuse collection d'estampes, chefs-d'œuvre de la gravure du xv° au xix° siècle, provenant du cabinet de M. R*** (Revil). *Defer, 1838; in-8, br.*

1182. Catalogue des pierres gravées et camées antiques anciens et modernes (appartenant à la comtesse de Lipano, ancienne reine de Naples). *Manheim, 1838 ; in-8, br.*

1183. Catalogue d'une très-belle collection de tableaux. *De Porre et Verhulst, Gand, 1839.*

1184. Catalogue de tableaux capitaux des écoles d'Italie, d'Espagne, de Hollande, de Flandre, d'Allemagne et de France, et d'une collection d'objets de haute curiosité. *Roussel et Wery*, 1840 ; in-8, br.

1185. Catalogue du cabinet de feu M. de *** de Genève, composé des dessins anciens et modernes des meilleurs maîtres des écoles italienne, française et des Pays-Bas. *Defer*, 1840 ; in-8, br.

1186. Catalogue d'une belle collection de tableaux et de dessins originaux des grands maîtres des écoles italienne, allemande, flamande, hollandaise, française, objets de curiosité et bronzes antiques composant le cabinet de M. N. R*** (Revil). *Roussel et Defer*, 1842; in-8, br. (*Avec prix.*)

1187. Catalogue de tableaux, pastels, miniatures, curiosités, etc. *Grandjean*, 1850; in-8, br.

1188. Catalogue d'un très-riche mobilier, objets d'art et de curiosité, statues, groupes, figures, etc. dont la vente aura lieu par suite du décès de Mme la marquise du B. (Blaisel). *Manheim*, 1850; in-8, br. — Catalogue d'une jolie collection de tableaux, dont la vente aura lieu par suite du décès de Mme la marquise du B. (Blaisel). *F. Laneuville*, 1850 ; in-8, br.

1189. Vente de sept tableaux de grands maîtres et d'une collection de dessins des tableaux de la galerie d'Orléans. *Defer,* 1850 ; in-8, br.

1190. Catalogue de quatre magnifiques tableaux de Boucher, provenant de l'hôtel du duc de Richelieu, et de remarquables tapisseries de Beauvais. *Febvre,* 1852 ; in-8, br.

1191. Catalogue d'une collection de tableaux anciens et modernes de diverses écoles, portraits historiques, dessins, estampes, vases étrusques, faïences, etc., provenant du cabinet de M. le vicomte de M***. *Defer*, 1852, in-8, br.

1192. Catalogue d'une précieuse collection de tableaux anciens et modernes des écoles flamande et française composant le cabinet de M. G. de M. *F. Laneuville,* 1853, in-8, br.

1193. Catalogue d'une jolie collection de tableaux des écoles italienne, flamande, hollandaise et française, miniatures et dessins, portraits d'acteurs, gouaches, etc. *Français,* 1853 ; in-8, br.

1194. Catalogue d'une très-belle et nombreuse collection de portraits néerlandais, de portraits d'étrangers qui ont eu des rapports avec la Hollande ; de catalogues de vente avec prix, etc. *Fréd. Muller, Amsterdam,* 1853, in-4, br.

Vente intéressante.

1195. Tableaux et dessins modernes composant la collection de M. H. (Henri Didier). *F. Petit,* 1854; in-8, br.

1196. Catalogue d'une magnifique collection de tableaux anciens et modernes des écoles italienne et flamande, provenant d'une galerie princière de Rome. *H. Cousin,* 1856; in-8, br.

1197. Catalogue de la belle collection d'estampes des maîtres peintres et graveurs de l'école française du XVIIIe siècle, appartenant à **M. S...** *Vignè-res*, 1856, in-8, br.

Collection curieuse.

1198. Catalogue de dessins et estampes, œuvres des maîtres, école française du XVIIIe siècle. *Vignè-res*, 1856; in-8, br.

1199. Catalogue d'estampes anglaises et françaises, lithographies rares par Charlet, l'œuvre de M. H. Vernet, le plus beau connu, etc. *Vignères,* 1856; in-8, br.

1200. Notice raisonnée sur un magnifique triptyque, école de Van Eyck, par J.-A. Luthereau. *F. Laneuville*, 1856; in-8, br.

1201. Catalogue d'une précieuse collection d'objets d'art et de haute curiosité. *Mannheim*, 1857; in-8, br. (*Vente Richard.*)

1202. Catalogue d'une réunion de tableaux très-pré-cieux des premiers maîtres flamands et hollan-dais, formant le cabinet de M. le vicomte de M... (*Mauléon*). *F. Laneuville*, 1858; in-8, br.

1203. Catalogue de tableaux précieux des écoles italienne, flamande et française, dessins et gra-vures, ayant formé le cabinet de M. R***, ama-teur. *F. Laneuville,* 1858; in-8, br.

1204. Catalogue des tableaux, cartons, estampes, dessins des maîtres des écoles italienne et fla-mande, etc., composant le cabinet de M. le che-valier A. D., de Turin, provenant en partie de la célèbre collection Vallardi de Milan. *Dhios et Clé-ment,* 1860; in-8, br.

1205. Notice d'un tableau de Sébastien del Piom-bino représentant la Sainte Famille, par *Charles Blanc,* 1860; in-8, br.

1206. Catalogue de tableaux anciens et moder-nes, aquarelles, miniatures, terres cuites de Clo-dion, mosaïques, œuvres d'art, catalogues de

ventes avec prix, etc., formant le cabinet de
M. R***. *F. Laneuville et F. Petit,* 1863; in-8, br.

XVIII. LIVRES A FIGURES.

1. *Sujets pieux.*

1207. STIMMER (Tob.) Figures de la Bible. *Basel,*
1576; in-4. d.-rel.

166 jolies gravures sur bois, sur 180 dont l'ouvrage complet se compose.

1208. PORZELIUS (Elias). Figures de la Bible, de
l'Ancien et Nouveau Testament. *Nuremberg, s. d.*
2 part. en 1 vol. in-4 obl. vél. vert.

144 et 67 gravures sur bois en belles épreuves.

1209. HISTOIRE du Vieux et du Nouveau Testa-
ments, représentés avec des figures et des explications édifiantes, par Royaumont (Le Maistre de
Sacy). *Paris, P. le Petit,* 1684; in-4, v. br.

Raccommodages.

1210. ORTELIUS (Hier.) Vita Christi (avec texte en
allemand). *Nuremberg,* 1611, pet. in-8, grand
nombre de gravures en taille-douce, parch.

1211. REVELATIO ordinis SS. Trinitatis redemp-
tionis captivorum sub Innocentio tertio anno
1198. *Parisiis,* 1633; in-fol. vél.

Frontispice gravé, 1 page de texte gravée, 24 planches chiffrées, gravées
par Van Thulden, 2 planches gravées par L. Gaultier en 1617: plus 3 autres
planches gravées par Van Thulden.

1212. VITA D. Thomæ Aquinatis, Othonis Vænii
ingenio et manu delineata. *Antverpiæ, sumptibus
O. Vænii,* 1610, in-fol. 27 planches par Boel,
C. Galle et autres, cart.

1213. GALLONIUS (Ant.). De SS. Martyrum cru-
ciatibus, cum figuris in ære incisis per Ant. Tem-
pestam. *Parisiis, Jombert,* 1550; 44 pl. in-4,
cart.

1214. SACRA eremus ascetarum. — Sacra eremus
ascetriarum. A. Blœmaert inv. B. a Bolswerd
sculps. *S. l. n. d.;* 2 part. en 1 vol. pet. in-4,
52 planches, vél.

Premières épreuves.

1215. BAVARIA sancta, Maximiliani Sereniss. prin-
cipis imperii comitis Palatani Rheni, utriusq. Bav.
Ducis auspiciis cœpta descripta eidemq. nuncupata
a Matheo Radero. *Monaci,* 1614, in-fol. v. f. fil.

Très-bel exemplaire et superbes épreuves. Raphaël Sadeler a illustré cet
ouvrage de nombreuses gravures, qui passent pour les plus belles qui soient
sorties de son habile burin. La première partie renferme 60 planches, la
deuxième 44, la troisième 20, la *Bavaria pia* 16. Toutes ont été gravées d'a-
près les compositions de Mattias Kazer.

1216. H. HOLBEIN'S Todtentanz, herausg. von
J. Schlotthauer. *München,* 1832; in-12, fig. (53)
sur chine, cart.

1217. HISTOIRE de Joseph, accompagnée de dix
figures, gravées sur les modèles du fameux Rembrandt, par M. le comte de Caylus. *Amsterdam,
Neaulme,* 1757; in-fol. br.

2. *Mythologie. Emblèmes. Devises.*

1218. ORUS APOLLO de Ægypto. De la Signification
des notes hiéroglyphiques des Egyptiens. *Paris,
J. Kerner,* 1543; pet. in-8, nombreuses grav. sur
bois, v. br.

Exemplaire court de marges.

1219. CARTARI (Vinc.). Le Imagini degli dei antichi. *Lyone, Honorati,* 1581; in-8, grand nombre
de grav. sur bois, parch.

1220. ANEAU (Barth.). Picta Poesis, ut pictura poesis erit. *Lugduni, M. Bonhomme,* 1552; pet. in-8,
bas.

Jolies gravures sur bois du Petit Bernard. Exemplaire taché, et dont un
petit coin du deuxième feuillet a été enlevé.

1221. A. BOCCHII. Symbolicarum quæstionum quas serio ludebat libri quinque. *Bononiæ, in æd. novæ Acad. Bocchianæ,* 1555; in-4, cart.

Première édition d'un ouvrage recherché à cause des 151 jolies gravures en taille-douce de Giulio Bonasone. Celle de la page 36 représente une guillotine.

1222. PARADIN (Cl.). Devises héroïques. *Lyon, J. de Tournes et G. Gazeau,* 1557; pet. in-8, fig. sur bois, bas. (*Titre déchiré.*)

1223. PARADIN (Claude). Devises héroïques et emblèmes. *Paris, Millot,* 1610, pet. in-8, fig. en taille-douce, bas.

1224. SYMEONI (Gabr.). Le Illustrationi de gli epitaffi et medagle antiche. *Lione, Giov. di Tournes,* 1558, pet. in-4, fig. sur bois, parch.

1225. JOVE (Paul) et SYMEON (Gabr.). Dialogue des devises d'armes et d'amours. *Lyon, G. Roville,* 1561; in-4, jolies grav. sur bois du Petit Bernard, parch.

1226. DOLCE (Lud.). Imprese nobili et ingeniose di diversi principi et d'altri personaggi illustri. *Venetia, Ziletti,* 1583; gr. in-4, vél.

Charmantes gravures en taille-douce, avec encadrements variés, par B. P. V. (Battista Pittoni Vicentino).

1227. RUSCELLI (Ieronimo). Le Imprese illustri, aggiuntovi nuovamente il quarto libro. *Venetia, Fr. de' Franceschi,* 1584; in-4, cart.

Avec un grand nombre de jolies gravures en taille-douce, entourées de cartouches variés, par Giacomo Franco.

1228. CAMILLI (Camillo). Imprese illustri di diversi, con le figure intagliate in rame di Girol. Porro. *Venezia, Ziletti,* 1586, pet. in-4, vél.

Belles gravures, entourées de cadres richement ornementés.

1229. VÆNIUS (Otho). Q. Horatii Flacci Emblemata, imaginibus in æs incisis notisque illustrata. *Antverpiæ, Verdussen,* 1607; in-4, fig. bas.

1230. FERRO (Giov.). Teatro d'imprese. Parte secunda. *Venetia, Sarzina,* 1623; in-fol. 730 pages avec plusieurs centaines d'emblèmes grav. sur cuivre, v. br.

1231. MENESTRIER (C.-F.). La Philosophie des images. *Paris, de la Caille,* 1682; pet. in-8, fig. sur bois, d.-rel. veau f.

3. *Costumes.*

1232. SLUPERIUS. Omnium fere gentium Habitus. *Antverpiæ, Bellerus,* 1572; pet. in-8, fig. sur bois, bas.

Exemplaire en mauvais état.

1233. MODIUS (Fr.) Cleri totius romanæ ecclesiæ subjecti, seu ordinum omnium omnino utriusque sexus habitus. *Francofurti, S. Feyrabend,* 1585; pet. in-4, d.-rel.

Très-bel exemplaire (de Boutourlin) d'un ouvrage recherché à cause des belles figures de costumes gravées en bois par J. Amman.

1234. AMMAN (Jodocus). Gynæceum, sive theatrum mulierum, in quo præcipuarum omnium per Europam nationum, gentium populorumque cujuscumque dignitatis... fœmineos habitus videre est. *Francofurti, Feyrabend,* 1586, in-4, d.-rel. (*Lesné.*)

Bel exemplaire, et charmantes épreuves des costumes gravés sur bois.

1235. VECELLIO (Cesare). Habiti antichi et moderni di tutto il mondo, di nuovo accresciuti di molte figure. Venetia, appresso i Sessa. A la fin : *Venezia,* 1598. In-8, mar. vert du Levant, avec encadrement en mar. rouge, chiffr. filets, fleurons, tr. dor. sur l'ancienne tr. jaspée.

Cette deuxième édition a l'explication en italien et en latin des 522 planches gravées sur bois. Ce livre, rare et fort curieux, est un des meilleurs parmi les anciens qui aient été écrits sur les costumes des diverses nations. La première édition, qui parut en 1590, est beaucoup moins complète. La reliure est une imitation, supérieurement exécutée, d'un livre ayant appartenu à Marie de Médicis et faisant partie de la Bibliothèque impériale.

1236. BERTELLI. Diversarum nationum habitus nunc primum editi. *Patavii*, 1594; pet. in-8, d.-rel.

Recueil factice, composé de 84 planches des différentes suites de Bertelli.

1237. FIALETTI (Odoardo). Habiti delle religioni, con le armi e breve descrittioni loro (texte en français). *Parigi*, 1658; in-4, figures à l'eau-forte, veau br.

1238. CARACHE (Annib.). Le Arti di Bologna disegnate da A. Caracci ed intagliate da Sim. Gulini, aggiuntavi la vita del sudetto Ann. Caracci. *Roma, Roisecco*, 1740; in-fol. 80 planches, veau marbr.

1239. VIGNE (Félix de). Vade-Mecum du peintre, ou recueil de costumes du moyen âge, pour servir à l'histoire de la Belgique et pays circonvoisins. *Gand, de Busscher*, 1844; 2 vol. gr. in-4, fig. noires et color. d.-rel.

1240. EYE (A. V.) und FALKE (J.). Kunst und Leben des Vorzeit, von Beginn des Mittelalters bis zum Anfange des 19. Iahrhunderts, in Skizzen nach Originaldenkmaelern. *Nuremberg*, 1858; 2 vol. in-4, fig. noires et color. cart. en toile, non rogn. aux chiffr.

1241. CHARNOIS (de). Costumes et annales des grands théâtres de Paris, en figures au lavis et coloriées. *Paris*, 1786-88; 3 vol. in-4, 144 planches, veau marbr. dent.

4. *Personnages illustres, Médailles, etc.*

1242. BURGMAIER. Des Weisz Kunig, eine Erzehlung von den Thaten Kaiser Maximilian des Ersten, von Max. Treitzsaurwein. *Wien*, 1775; in-fol. fig. sur bois, cart. non rogn.

Premier tirage complet des célèbres planches de Burgmaier et autres. Exemplaire en papier de Hollande.

1243. VICO (Æn.). Omnium Cæsarum verissimæ imagines ex antiquis numismatis desumptæ...(*Venetiis*), 1553; in-4, parch.

Jolies gravures en taille-douce, encadrements variés.

1244. BOXHORN (M.-Z.). Monumenta illustrium virorum et elogia. *Amstelodami, Janssonius,* 1638; in-fol. 125 planches, vél.

1245. NUMISMATA virorum illustrium ex Barbadica gente. *Patavii, ex typographia seminarii,* 1732-1760; gr. in-fol. d.-rel.

Très-bel exemplaire, avec le supplément. Nous renvoyons pour la description de ce magnifique ouvrage à la longue notice que M. Brunet donne dans son Manuel, article *Numismata*.

1246. PALATIUS (Joannes). Aquila inter Lilia. *Venetiis, Milochus,* 1699. — Aquila Saxonica. *Venetiis, Herz,* 1699. — Aquila Romana. *Venetia, Parè,* 1677. — Aquila Franca. *Venetiis, Poletus,* 1679. — Aquila Sueva. *Venetiis, Poletus,* 1679. Aquila Vaga. *Venetiis,* 1679. — Aquila Austriaca. *Id.* 2 v. — Aquila sancta sive Bavarica. *Venetiis, Hertz,* 1674. — En tout, 9 vol. in-fol. vél.

Cet ouvrage contient une quantité considérable de gravures exécutées d'après des tableaux, des médailles, etc.

5. *Calligraphie. Escrime.*

1247. FANTO (Sigism.). Thesaurus de' scrittori, opera artificiosa, la quale con grandissima arte insegna a scrivere diverse sorte littere; con una ragione d'Abbaco. *Roma (A. Blado),* 1525; pet. in-4, cart.

Modèles d'écriture rares et bien gravés. Manque un f. de la sign. D.

1248. PALATINO (Giovambatt.). Libro nel qual s'insegna à scriver ogni sorte lettera, antica e moderna. *Roma, Ant. Blado,* 1551; pet. in-4, fig. sur bois (modèles d'écriture et rébus), parch.

1249. DE BEAUGRAND, Modèles d'écriture. (*Paris,* 1601); in-fol. obl. d.-rel. mar. br. dos aux chiffr. (*Capé.*)

1250. DOMENICHI (Cesare). Delle Lettere nominate maiuscole antiche Romane; trattato primo. *Roma, Bonfadino,* 1602. — Démonstration géométrique pour tracer régulièrement les lettres de l'alphabet. Pl. grav. — Ortographia delle lettere; trattato secondo. *Roma, Paolini,* 1603. — In-4, vél.

Bel exemplaire d'un livre rare.

1251. MAROZZO. Opera nova de Ach. Marozzo, Bolognese, mastro generale de l'arte de l'armi. *Mutinæ, in ædibus Ant. Bergolæ sacerdotis,* 1536; pet. in-4, fig. sur bois, parch.

Livre rare sur l'escrime.

6. *Sujets divers.*

1252. HYPNEROTOMACHIA di Poliphilo, cioè Pugna d'amore in sogno. *Vinegia, in casa de' figliuoli di Aldo,* 1545; in-fol. fig. sur bois, bas. mar. rouge, dent.

Bel exemplaire de la seconde édition des Alde, devenue aussi rare que la première. Toutes les figures sont intactes.

1253. CHASSE de sainte Ursule, par Jean Memling. *Bruxelles, s. d.,* in-fol. fig. sur chine, br.

1254. STAMPART et BRENNER. Prodromus oder Vorlicht, etc. (La Galerie de Vienne.) *Vienne,* 1737; gr. in-fol. cart.

Volume bien gravé, dont chaque planche représente plusieurs tableaux célèbres.

1255. SALA da ballo a Fontainebleau, dipinta da Niccolo da Modena d'appresso i disegni di Francesco Primatici, e incisa da Aless. Badiale. *S. l. n. d.;* in-fol. 14 planches, broch. rogn.

1256. OTTLEY (William Young). The italian School of design, being a series of fac-similes of original drawings of the most eminent painters and sculptors of Italy. *London, printed for the author*, 1823; gr. in-fol. fig. d.-rel. dos et coins de mar. r. non rogn.

Première édition. Exemplaire avec envoi autographe de l'auteur.

1257. VINCI (Leonardo da). Disegni incisi sugli originali da C. G. Cerli, riprodutti con note illustrative da Gius. Vallardi. *Milano,* 1830; gr. in-fol. fig. d.-rel. n. rogn.

1258. MERCATI (G. B.). Alcune Vedute et prospettive di Roma. *S. l. n. d. (Roma,* 1629; pet. in-4 obl. vél.

Recueil de 52 pièces gravées à l'eau-forte.

1259. PITTURE dipinte nella volta della capella Sistina nel Vaticano. *Roma, Losi,* 1773; 68 pl. gravées d'après Michel-Ange, par Adam. — FAVOLE ed emblemi disegnati da Raffaelle, e intagliati da Silvestro da Ravenna, Enea Vico ed altri. *Roma, Losi,* 13 pl. in-4 oblong, d.-rel. bas. verte.

1260. TEMPESTA (J.-B.). Scènes de batailles. *Rome,* 1599; 2 suites en 1 vol. pet. in-4 obl. allongé, parch.

19 planches à l'eau-forte.

1261. VIEN (Joseph). Caravane du sultan à la Mecque, mascarade turque donnée à Rome par les pensionnaires de l'Académie de France au carnaval de l'année 1748. *(Paris, s. d.);* in-fol. 32 pl. cart.

Rare.

7. *Livres illustrés du* XVIIIe *siècle. — Almanachs.*

1262. NELLA VENUTA in Roma di madama Le Comte e dei signori Watelet et Copelle, etc. Componimenti poetici di L. Subleyras, P. A., colle figure in rame de St. della Valle e Poussin. *S. l. (Rome),* 1764; pet. in-8, d.-rel. v. vert, texte et fig. gr. 32 pl.

Ce charmant recueil est très-rare. Les planches sont gravées à l'eau-forte par F. Weiroter, Lavallée-Poussin et H. Robert. Le charmant portrait de Marguerite-le Comte est gravé par elle-même. Les sonnets sont encadrés de gracieuses arabesques toutes différentes.

1263. LE ROUÉ vertueux, poëme en prose, en quatre chants, propre à faire, en cas de besoin, un drame à jouer deux fois par semaine. *Lauzanne (Paris),* 1770; in-8, veau marbr.

Avec cinq charmantes gravures et une vignette par Le Prince. On a ajouté le DESSIN ORIGINAL de la planche du premier chant.

1264. RECUEIL DE COEFFURES depuis 1689 jusqu'à présent, avec des vers analogues à chaque costume, collection fort désirée des dames, etc., suivi du secrétaire à la mode à l'usage du beau sexe. *Paris, Desnos,* in-18, m. r. fil. tr. dor.

Avec stylet de plomb pour écrire sur des feuilles blanches préparées, qui se trouvent à la fin. 42 planches représentant des figures de femmes en buste.

1265. ALMANACH ICONOLOGIQUE, année 1768, quatrième suite. Etres métaphysiques, les figures et les explications, par M. Gravelot. *Paris, Lattré,* in-18, mar. r. fil. tr. dor. (*Aux armes : Brancas, Villars et Lévis-Mirepoix.*)

1266. LES DELPHINIES, ou les Fêtes patriotiques occasionnées par la naissance de monseigneur le Dauphin, fils de Louis XVI. Almanach chantant. *Paris, Jubert, s. d.,* in-18, mar. r. fil. tr. dor.

Avec crayon métallique pour écrire ses pensées, rendez-vous, souvenirs, pertes et gains sur un papier exprès.

1267. LE VOLTAIRE GALANT, ou les Opuscules poétiques qui lui sont échappés en l'honneur des belles, ornés de figures avec des tablettes économiques, perte et gain et petit secrétaire à l'usage des dames et des messieurs. *Paris, Desnos, s. d.,* in-18, mar. fil. tr. d.

Musique gravée, 12 planches coloriées de costumes de mode et petit plan de Paris.

1268. ALMANACH (fin du xviiiᵉ siècle).

Il se compose de 90 compositions, représentant l'histoire de la femme depuis sa naissance jusqu'à son mariage. Chaque sujet est renfermé dans un encadrement formant trumeau. Ce trumeau porte en tête un étroit cartel où est inscrit une épithète s'appliquant à l'action de la femme, et finit par un autre cartel plus grand, renfermant un quatrain explicatif du sujet. Le numéro d'ordre des estampes est gravé dans un cercle au-dessus des quatrains. Ce délicieux *almanach d'étrennes*, dont les compositions ont été dessinées par Gravelot, est de la plus grande rareté. Il n'en est point passé d'exemplaire, que nous sachions, dans les ventes depuis quarante-cinq ans ; la plupart des amateurs et des marchands ne l'ont jamais vu. Nous ignorons son véritable titre et la date de sa publication. Le cabinet des estampes de la Bibliothèque impériale en possède une vingtaine de pièces. Dans notre collection il ne manque que 7 planches portant les numéros 17, 37, 43, 56, 59, 60 et 66.

8. *Livres illustrés du* xixᵉ *siècle*.

1269. SHAKESPEARE. Mémorial. *London*, 1864 ; très-gr. in-4, fig. noires et coloriées, cart. en toile.

1270. GOLDSMITH (Olivier). The Works, with introductions, notes, etc., by J. F. Waller. *London*, *s. d.*, in-8, cart. en toile.

Édition richement illustrée, avec des gravures sur bois.

1271. ADVENTURE of Hunch-Bank, and the stories connected with it, with illustrative prints engraved by Will. Daniell, from pictures painted by R. Smirke. *London*, 1814 ; gr. in-fol. fig. sur chine, d.-rel.

1272. SCOTT (Walter). The Lay of the last minstrel, with all his introductions and the authors notes, illustrated by Birket Forster and J. Gilbert. *Edinburgh*, 1854, pet. in-8, cart. en toile, tr. dor.

Chef-d'œuvre d'illustration anglaise.

1273. PARIS-LONDRES, keepsake français. 1837. *Paris*, *Delloye*, 1837 ; in-8, d.-rel. n. rogn. tête dor.

26 gravures sur acier.

1274. JANIN (Jules). Un Hiver à Paris. *Paris, Curmer*, 1843; in-8, grand nombre de figures sur bois et acier, chagrin rouge à compart. tr. dor.

1275. SMITH (Albert). Gavarni in London, sketches of life and character, with illustrative essays by popular writers. *London*, 1849; gr. in-8, fig. cart. en toile, tr. dor.

XIX. DESSINS POUR ILLUSTRATION DE LIVRES.

1276. L'AMOUR ENCHAINÉ, signé Eisen, 1752.

Gracieux DESSIN A LA PLUME, lavé d'encre de Chine. Il a été gravé par Lemire.

1277. TITRE DE LIVRE, PAR MARILLIER,

Charmant DESSIN A LA PLUME, lavé d'encre de Chine, représentant des Amours jouant dans un berceau de fleurs.

1278. 48 DESSINS POUR L'ILLUSTRALION DES CONTES DE BOCCACE.

Ils se décomposent ainsi : 41 DESSINS PAR GRAVELOT, I PAR BOUCHER, 5 PAR EISEN, I PAR COCHIN. Les dessins de Gravelot et de Boucher sont dessinés à la plume, lavés de bistre, montés uniformément à la Glomy, avec large encadrement vert d'eau, filets d'or et noirs. Les *dessins d'Eisen et de Cochin* sont à la mine de plomb, montés également à la Glomy, mais avec l'encadrement rose. Ces 48 dessins, connus par les gravures qui en ont été faites, sont d'une exquise exécution et donnent la plus haute idée du talent des gracieux dessinateurs du siècle dernier.

XX. GALERIES GRAVÉES.

1279. DAVIDIS TENIERS, pictoris, Theatrum pictorium, in quo exhibentur ipsius manu delineatæ ejusque cura in æs incisæ picturæ archetypi Italiæ, quas ipse seren. archidux (Léopoldus Gulielmus Austriæ), in pinacothecam suam Bruxellis collegit. *Bruxellæ, sumptibus auctoris*, 1660, in-fol. peau de tr.

Premier tirage, très-rare; 245 planches (complet), dont 121 *avant les numéros* et 124 chiffrées. Le papier sur lequel ce tirage a été fait est non collé et très-mou; le volume aurait besoin d'être encollé.

1280. GALERIE ROYALE DE DRESDE. Recueil d'estampes gravées d'après les plus célèbres tableaux de cette galerie. *Dresde*, 1753-62, 2 vol. en un, gr. in-fol. d.-rel. non rogn. (*Anc. rel.*)

Très-belles épreuves. Cet exemplaire, composé de 102 pièces au lieu de 101, ne contient pas seulement le portrait d'AUGUSTE III, ROI DE POLOGNE, gravé par Balechou, d'après Rigaud, mais aussi celui de la REINE MARIE-JOSÈPHE.

FIN.

www.ingramcontent.com/pod-product-compliance
Ingram Content Group UK Ltd.
Pitfield, Milton Keynes, MK11 3LW, UK
UKHW021638170726
13836UKWH00005B/2254